ELSJE BRUIJNESTEIJN

WILDE ERNTE

DAS HANDBUCH FÜR PILZE, KRÄUTER, NÜSSE UND FRÜCHTE MIT 50 REZEPTEN

südwest

INHALT

VORWORT

Wildpflanzen sammeln macht Spaß und Gerichte damit schmecken toll. Ob man eine bestimmte Pflanze findet oder nicht, ist immer ein kleines Abenteuer. Manchmal sucht man jahrelang nach einer bestimmten Pflanze, und wenn man schon längst aufgegeben hat, taucht sie plötzlich vor einem auf.
Der Hauptgrund zum Sammeln ist aber der einzigartige Geschmack von Wildpflanzen. Die getrockneten Samen des Gemeinen Bärenklaus zum Beispiel, die man im Herbst problemlos von der Pflanze pflücken kann, schmecken nach Mandarine, Sellerie, Kokosnuss und Gurke. In welchem Geschäft bekommt man so etwas Exklusives?
Das Sammeln von Wildpflanzen spricht aber auch ein Urbedürfnis an, das auf frühere Lebensformen zurückgeht. Noch unsere Urgroßeltern haben ganz ohne Fertiggerichte, Plastikbehälter und Kühlschrank gekocht und Gegenstände sowie Hausmittel aus gesammeltem Pflanzenmaterial hergestellt. Das Sammeln von Wildfrüchten war für arme Menschen früher notwendig, um ausreichend mit Nährstoffen versorgt zu sein – heute findet man wilde Zutaten auf den Speisekarten der Nobelrestaurants.
Wildpflanzen sind gut für die Natur und für unsere Gesundheit. Sie werden nicht mit Pestiziden behandelt, brauchen keine beheizten Gewächshäuser und reisen nicht um den halben Globus. Viele Pflanzen enthalten gesunde Vitamine, Mineralien und Antioxidantien, die die Abwehrkräfte stärken. Verschiedene Substanzen aus Wildpflanzen und Pilzen kommen in modernen Heilmitteln zum Einsatz. Zudem stärkt die Bewegung an der frischen Luft Körper und Geist.

Alle Rezepte sind für 4 Personen, sofern nicht anders angegeben.

ELSJE ÜBER DAS SAMMELN

Ich gehe jeden Tag eine Stunde in der Natur spazieren, um den Kopf frei zu bekommen, auch wenn es draußen kalt und ungemütlich ist. Dabei sehe ich oft Pflanzen, an denen ich mit dem Rad meist vorbeifahre. Manchmal nehme ich ein Bad in (eiskaltem) natürlichem Wasser zwischen Muscheln, Wasserminze und Rohrkolben, um ganz in die Natur einzutauchen.

Meine Leidenschaft gilt dem Kochen mit einheimischen Wildpflanzen. Abgepacktes und Konserven brauche ich nicht. Diese Leidenschaft habe ich vor vielen Jahren von meiner Mutter übernommen, die sehr gut kochen konnte. Als Berufstätige hatte ich während meiner Elternzeit das erste Mal genug Zeit, um in der Küche mit Apfelwein, selbst gemachtem Käse und gefüllten Keksen zu experimentieren. Bei meinem geruhsamen Werkeln fand ich Entspannung und Ruhe im hektischen Alltag mit Ehemann und zwei kleinen Kindern – die zum Glück oft bereit waren, die Rolle der Versuchskaninchen zu übernehmen.

Seit mehr als 20 Jahren ernte ich Wildpflanzen in der Natur, aus Nutzwäldern, Ziergärten und (mit Genehmigung) aus botanischen Gärten. Ich bin immer auf der Suche nach besonderen Aromen und gesunden, schmackhaften Ergänzungen zu den üblichen Supermarktzutaten. Vor sieben Jahren habe ich mein Hobby zum Beruf gemacht und bin nun hauptberuflich als Texterin, Fotografin und Wildnisführerin tätig. Ich bin Mitautorin des Kochbuchs *Liever Lokaal* (das 2015 mit einem Preis ausgezeichnet wurde) und organisiere in den ganzen Niederlanden Sammelwanderungen für Unternehmen, Schulen und Einzelpersonen, darunter auch für Mitarbeiter der Tafeln. Bald werde ich nach Drenthe ziehen, wo ich ein Holzhaus bauen lasse und einen Garten mit essbaren Wildpflanzen, Bio-Gemüse und essbaren Zierpflanzen anlegen möchte.

WILDPFLANZEN-WANDERUNGEN

Auf Wildpflanzenwanderungen entdecken die Teilnehmer mit einem qualifizierten Führer, welche essbaren Wildpflanzen es in der Natur, im Park und im eigenen Garten gibt, wie sie schmecken und wie man sie zu allerlei Köstlichkeiten verarbeiten kann. Sie lernen, die Pflanzen in den verschiedenen Wachstumsstadien durch Riechen und Schmecken zu bestimmen und Giftpflanzen zu erkennen. Um einen guten Überblick über essbare Wildpflanzen in allen Jahreszeiten zu bekommen, ist es ratsam, an solchen Wanderungen teilzunehmen – zu verschiedenen Jahreszeiten und an verschiedenen Orten. Wo und wann Wanderungen organisiert werden, erfahren Sie im Internet.

Natürlich hängt der Sammelerfolg von den Wetterbedingungen, anderen Wildsammlern und Mähern ab, aber das macht es ja gerade so spannend! Und wer einmal an einer Wildpflanzenwanderung teilgenommen hat, wird seine Umgebung mit ganz anderen Augen sehen.

Was braucht man, um Wildpflanzen zu sammeln?

Taschenmesser: Ich empfehle, immer ein (Schweizer) Taschenmesser dabei zu haben. Damit kann man Pilze oder Pflanzen vorsichtig schneiden, ohne die Wurzel oder das Myzel zu beschädigen. Möglichst wenig Erde mit abschneiden – das erspart viel Reinigungsarbeit in der Küche.

Schere: Sehr feine Kräuter wie etwa Winterportulak können mit einer Schere geerntet werden. Vorsichtig knapp über dem Boden abschneiden.

Gartenhandschuhe und Gartenschere: Pflanzen mit vielen Dornen und Stacheln wie Brombeeren, Feuerdorn und Schlehe werden am besten mit einer guten, scharfen Gartenschere und Gartenhandschuhen geschnitten.

Obst- und Gemüsetüten aus Papier: Wildpflanzen lassen sich gut in Papiertüten transportieren. Am besten jede geerntete Pflanzenart in eine separate Tüte legen.

Küchenpapier: Empfindliche Früchte und Pilze (etwa Brombeeren und Tintenpilze) in Küchenpapier einwickeln und erst dann in eine Papiertüte legen.

Beutel: Die Tüten mit den geernteten Pflanzen in einer geräumigen Baumwolltasche verstauen. Darauf achten, dass keine schweren Gegenstände daraufliegen und dass die Tasche während des Transports nicht zu stark bewegt wird.

Wasserflasche: Nützlich, um empfindliche Pflanzen zu transportieren, die bei warmem Wetter nach der Ernte schnell verwelken.

Plastiktüte und Plastikhandschuhe: zum Aufsammeln von Müll!

WO SAMMELN?

Essbare Wildpflanzen sind fast überall zu finden. Viele Pflanzen wie Nagelkraut, Wiesen-Schaumkraut und Knoblauchsrauke wachsen das ganze Jahr über an Straßenrändern, in Parks, an Waldrändern oder sogar als »Unkraut« im eigenen Garten. Einige Pflanzen entwischen aus Nutz- oder Ziergärten und wachsen in freier Wildbahn weiter. Selbst in einem Blumenkübel können diese Kräuter aufkeimen. Welche Wildpflanzen sich im Garten ansiedeln, hängt auch vom Bodentyp ab.
Besondere Pflanzen findet man in hügeligen Gebieten (Brunnenkresse), am Strand (Seetang), auf salzigem Sandboden (Sanddorn), am Wasser (Wasserminze) und auf Sand- und Heideflächen (Preiselbeeren). In Parks, an Wegen und in privaten Gärten werden viele Obst- und Nussbäume gepflanzt und regelmäßig beschnitten. Das Schnittgut, zum Beispiel von der Parkverwaltung, liefert oft eine reiche Ernte an Früchten und Nüssen, manchmal von Pflanzen, die anderswo geschützt oder schwer zu finden sind.

In Naturschutzgebieten ist es normalerweise verboten, Wildpflanzen zu sammeln. In staatlichen Forsten ist das Sammeln von Mengen für den Eigenbedarf erlaubt, und auch in Wäldern in Privatbesitz wird es normalerweise toleriert. Auskunft erteilt im Zweifelsfall die zuständige Naturschutzbehörde oder die örtliche Försterei.
Es lohnt sich, Pflanzen während des ganzen Jahres genau zu beobachten. Wer weiß, an welchen Sträuchern im Frühjahr Blüten stehen, kann sich im Herbst zur Beerenernte auf den Weg machen. Möglich ist auch, im Sommer eine blühende Pflanze mit einem Stock zu markieren, um im Herbst die Wurzel leicht zu finden.

WANN SAMMELN?

Die beste Zeit für die Ernte in der Natur ist an einem Wochentag am frühen Morgen oder am Nachmittag, wenn nur wenige Menschen unterwegs sind. Ich gehe regelmäßig an einem Wochenende im Monat wandern, fotografieren und ernten, um mir ein gutes Bild von den Pflanzen in den verschiedenen Jahreszeiten und Wachstumsstadien zu machen. Die meisten Pflanzen durchlaufen jedes Jahr denselben Wachstums-, Blüh- und Reifezyklus, und zu fast jeder Jahreszeit gibt es etwas zu ernten: Birkenwasser und junge Birkenblätter im zeitigen Frühjahr, Blüten und Triebe im späteren Frühjahr, Waldfrüchte und Kräuter im Sommer und schließlich Pilze, Samen, Nüsse und Wurzeln im Herbst: Einige Pflanzen können zu mehreren Jahreszeiten geerntet werden. Walnüsse sind beispielsweise um den Johannistag (24. Juni) noch unreif und weich, und man kann sie für einen köstlichen Walnusslikör (Nocino) verwenden. Reife Walnüsse fallen im September oder Oktober vom Baum und eignen sich für viele Köstlichkeiten. Sowohl im Frühjahr als auch im Herbst kann das bittersüß duftende Walnussblatt verwendet werden, etwa als Unterlage für zarten Kräuterkäse oder als Verpackung für ein selbst gemachtes Fruchtmus.

HERBST

Steinpilze, Holunderbeeren und Walnüsse ... Der Herbst beschert uns im Nutzgarten, aber auch in Parks und freier Natur eine reiche Ernte. Traditionell ist dies die Zeit, in der die Wintervorräte mit Konfitüre und eingemachtem Gemüse aufgefüllt werden. Wer schlau ist, setzt jetzt einen leckeren Beerenlikör für Weihnachten an.

September

Der September verwöhnt uns mit vielen Kräutern, Nüssen und Pilzen. Gartengemüse und Wildpflanzen passen gut zusammen: Vergessenes Gemüse wie Pastinaken schmecken beispielsweise gut mit Walnussöl und gerösteten Nüssen. Im September fallen viele wilde Nüsse von den Bäumen. Am besten geht man nach einem Herbststurm los, um sie zu sammeln. Und wenn es noch spätsommerlich warm ist, können Steinpilze draußen in der Sonne getrocknet werden.

Oktober

Schwammpilze, Täublinge, Edelkastanien, Walnüsse, Haselnüsse, Bucheckern, Holunderbeeren, Brombeeren, Wildäpfel, Wilde Rauke ... Im Oktober beschert die Natur uns eine reiche Ernte. Pilze können das ganze Jahr über geerntet werden, aber in keinem anderen Monat gibt es so viele Sorten zur gleichen Zeit. Ungeübte sollten zuerst einfache »Einsteigerpilze« wie Steinpilz, Riesenbovist und Krause Glucke sammeln, die leicht zu erkennen sind und nicht mit giftigen Arten verwechselt werden können.

November

Im November werden säuerliche Aroniabeeren und bittersaure Schlehen nach dem ersten Nachtfrost herrlich süß: Beide eignen sich gut für Liköre. Wer im September und Oktober Nüsse gepflückt hat, kann sie jetzt schälen, rösten und verarbeiten. Es lohnt sich auch, im Garten nach Wiesen-Schaumkraut Ausschau zu halten, das etwas Kälte braucht, um zu blühen. Austernpilze brauchen ebenfalls Herbstkälte. Mit etwas Glück kann man sie an Baumstämmen im Wald entdecken.

SAMMELN MIT KINDERN

Kinder haben Spaß daran, die Natur auf der Suche nach Essbarem zu durchstreifen. Sie riechen, fühlen und entdecken köstliche oder üble Gerüche und Geschmäcker. Aus hohlen Holunderstämmen können sie Flöten basteln, sich mit Walnussschalen die Haare färben, auf Bäume klettern, um Wildäpfel zu pflücken, die im Wald herumspringenden Kröten fangen (und natürlich wieder frei lassen) oder in einem Hexenring tanzen. Vielleicht entdecken sie auch einen Fliegenpilz, der hübsch aussieht, aber nur zum Anschauen ist. Sie lassen sich leicht begeistern, süße Brombeeren zu sammeln, und unter Aufsicht könnten sie mit Rohrkolbenzunder, Birkenrinde oder Zunderschwamm ein Feuer machen. Wichtig ist aber, Kinder vor den leuchtend roten Beeren der Eibe zu warnen, weil sie tödlich giftige Samen enthalten.

Zu Hause können Kindern bei der Verarbeitung der Ernte helfen. Sie können Esskastanien in der Ascheschublade des Kamins rösten, selbst gemachtes Marzipan mit Naturfarben färben oder mit Pilztinte aus dem Tintling einen Brief an die Oma schreiben. Für Experimente mit Küchengeräten sind Kinder immer zu haben. Mit einer Knoblauchpresse kann man schöne »Fäden« aus Marzipan machen, und Marzipankugeln lassen sich gut mit einer Eiskugelzange formen. Und dann sind da noch die alten Geschichten über Pilze. Früher waren Pilze vielen Menschen unheimlich, denn sie tauchten im Herbst urplötzlich wie aus dem Nichts im Wald auf. Vielleicht haben Hexen daraus Zaubertränke gebraut oder nachts in einem Hexenring getanzt? Geheimnisvoll ist auch der Hexenröhrling, der sich blau färbt, wenn man ihn durchschneidet. Und dann sagt man noch, dass Kröten, die Haustiere der Hexen, auf ihren langen Wanderungen gern einmal auf einem Pilz Rast machen.

SAMMELTIPPS

Gehen Sie vor allem in Naturschutzgebieten nicht mit einem großen Korb sammeln, sonst riskieren Sie Ärger mit Passanten oder dem Förster. An Orten, an denen es erlaubt ist, könnten Sie andererseits vorsichtig Stecklinge nehmen und in den eigenen Garten pflanzen. Das Sammeln von Wildfrüchten und Pilzen wird im Allgemeinen toleriert, wenn sich die Mengen in Grenzen halten und dem Eigenbedarf entsprechen. Geschützte Pflanzen sind davon selbstverständlich ausgenommen.
Halten Sie sich an die Regeln und bleiben Sie auf den Wegen. Begegnen Sie Förstern, Jägern, Schäfern und anderen Menschen, die im Freien arbeiten, mit Respekt. Stören Sie keine wild lebenden Tiere. Es ist gesetzlich vorgeschrieben, dass Hunde im Wald ganzjährig an der Leine zu führen sind, in anderen Gebieten während der Brut- und Setzzeiten. Lassen Sie weder Hundekot noch Abfall in der Natur zurück.

Die wichtigsten Regeln im Überblick

- Die Entnahme von Wild ist gesetzlich verboten. Das gilt auch für Eier und Teile von Wild, wie Geweihe. Wilderei ist ein Straftatbestand.
- In Naturschutzgebieten ist das Sammeln von Wildpflanzen verboten.
- In Staatsforsten wird das Sammeln für den Eigenbedarf meist geduldet, ebenso in den meisten privaten Wäldern.

Schwarze Liste

Sammeln Sie nur Wildpflanzen, die in reichlicher Menge vorhanden sind oder die auf der Schwarzen Liste invasiver Arten stehen. Bei Letzteren handelt es sich um Pflanzen, die hier nicht heimisch sind, sondern – oft als Zierpflanzen – importiert wurden und sich bei uns so aggressiv vermehren, dass sie einheimische Arten verdrängen und die lokale Artenvielfalt stören. Diese Arten dürfen zwar geerntet, aber nicht verbreitet werden!

- Die Liste der invasiven, nicht-heimischen Arten kann von der Website des Bundesamts für Naturschutz heruntergeladen werden: www.bfn.de/publikationen
- Weitere Informationen auf dem Informationsportal des Bundesamtes für Naturschutz über gebietsfremde und invasive Arten in Deutschland: www.neobiota.de

Gefährdete Arten

Sammeln Sie keine Pflanzen oder Pilze, die selten oder sehr selten sind. Häufig handelt es sich dabei um Pflanzen, die in der Vergangenheit im Übermaß geerntet wurden.

- Die Rote Liste der Pflanzen und die Rote Liste der Pilze und Flechten können hier heruntergeladen werden: www.rote-liste-zentrum.de

Pflanzen bestimmen

- Nutzen Sie zum Bestimmen von Pflanzen alle Sinne.
- Achten Sie vor allem auf den Geruch. Nehmen Sie ein Stück der Pflanze, reiben Sie es zwischen den Fingern und riechen Sie daran.
- Bestimmen Sie eine Pflanze mithilfe mehrerer Feldführer, anderer Informationsquellen oder Apps.

Ernten von Pflanzen

- Ernten Sie nur junge, leicht identifizierbare Pflanzenarten, die noch nicht von Insekten oder Schimmelpilzen angefressen sind.
- Beschädigen Sie weder Wurzeln noch Myzel und nehmen Sie nur die Pflanzenteile mit, die Sie verwenden wollen.
- Pflücken Sie von Kräutern nur die jungen Triebspitzen, damit die Pflanze weiterwachsen kann.
- Lassen Sie genügend Pflanzen für Tiere, andere Wildsammler oder Wanderer stehen.

Schadstoffe in Pflanzen
Pflücken Sie in einer sauberen Umgebung, abseits von Straßen, Hundeauslaufgebieten, (ehemaligen) Mülldeponien und Fabrikgeländen oder landwirtschaftlichen Flächen, auf denen Pestizide verwendet werden oder wurden.

Fuchsbandwurm
Pflanzen, die unterhalb der Kniehöhe gepflückt wurden, könnten mit Fuchskot verunreinigt sein, der mit dem Fuchsbandwurm infiziert ist.

Zecken
Tragen Sie schützende Kleidung und untersuchen Sie nach dem Sammeln den ganzen Körper auf Zeckenbisse.

Eichenprozessionsspinner
Im Sommer Augen und Nase vor den Raupen dieses Schmetterlings schützen.

Allergien
Probieren Sie vorsichtig, wie Ihr Körper auf eine Pflanze reagiert. Reiben Sie zuerst ein Stück auf Ihrer Lippe, dann auf Ihrer Zunge und probieren Sie dann ein kleines (gekochtes) Stück. Wenn (auch nach Stunden) keine Beschwerden auftreten, können Sie langsam mehr davon essen.

Achtung! Verwechslungsgefahr mit Giftpflanzen
- Sammeln Sie keine Pflanzen oder Pilze, die (tödlich) giftigen Arten ähneln. Lassen Sie alles stehen, dessen Sie sich nicht ganz sicher sind.
- Berühren Sie keine giftigen Pflanzen oder Pilze. Waschen Sie sich nach unbeabsichtigtem Kontakt gründlich die Hände.
- Riechen Sie an einem kleinen Stück: Ein übler Geruch kann ein Hinweis auf eine Giftpflanze oder einen Giftpilz sein!

- Probieren Sie ein winziges Stück auf Ihrer Lippe: Ein bitterer, saurer, brennender oder stechender Geschmack kann ein Hinweis auf eine Giftpflanze oder einen Giftpilz sein!
- Bei allergischen Reaktionen oder Vergiftungserscheinungen sofort den Arzt aufsuchen! Bei lebensbedrohlichen Symptomen wie Bewusstlosigkeit, Krampfanfällen, Atemnot usw. rufen Sie bitte den Notarzt – in Deutschland über die Nummer 112!

PILZE

In Deutschland gibt es rund 5000 bekannte Pilzsorten, und noch immer werden regelmäßig neue entdeckt.

Wie ist ein Pilz aufgebaut?
Was wir als Pilz sammeln, ist eigentlich nur der Fruchtkörper eines Pilzes oder einer Pilzart. Der größte Teil eines Pilzes ist das Pilzgeflecht oder Myzel: alle Pilzfäden (Hyphen) zusammen, die sich unter der Erde oder in einem toten Baum befinden.

Die meisten Pilze bestehen aus vier Teilen:

- **Hut:** die verbreiterte Kappe des Pilzes. Sie enthält die Sporen.
- **Stiel:** Unter der Kappe befindet sich der Stiel, oft mit Ring/Manschette;
- **Scheide:** der untere Teil des Pilzstiels, der aufplatzt, wenn der Pilz zu wachsen beginnt;
- **Manschette oder Ring:** Reste der Membran, die die Fruchtschicht junger Fruchtkörper verhüllt hat.

Weitere Merkmale sind:

- **Hymenium:** die Fruchtschicht unter dem Hut, in der sich die Sporen ablagern.
- **Hymenophor:** Gewebe mit Sporenlager (Platten/Lamellen, Röhren, Stacheln).
- **Velum universale und Velum partiale:** erste und zweite Schutzhülle zwischen Hut und Stiel.

Ein Hexenring ist ein Kreis von Fruchtkörpern, die aus dem Myzel eines einzigen Pilzes wachsen.

WIE LEBT EIN PILZ?

Es gibt drei Arten von Lebensformen:

- **Symbionten:** Der Pilz lebt mit einer anderen Pflanze oder einem Baum zusammen. Der Pilz bewirkt, dass die Pilzfäden mit den Baumwurzeln zusammenarbeiten, sodass Pilz und Baum sich gegenseitig ernähren (z. B. Steinpilz und Eiche).
- **Saprophyten:** Der Pilz ernährt sich von totem Material und Pflanzenresten (z. B. Flaschenstäubling)
- **Parasiten:** Der Pilz ernährt sich von lebendem Pflanzenmaterial auf Kosten seines (bereits geschwächten) Wirts (z. B. Zunderschwamm, Sparriger Schüppling).

Wann wachsen Pilze?

Die meisten Pilze bilden ihre Fruchtkörper im Herbst aus: Sie brauchen Feuchtigkeit, Wärme, Schatten und (totes) Pflanzenmaterial. Ein paar Tage nach einem Regenschauer schießen sie »wie die Pilze« aus dem Boden.

Wie vermehren sich Pilze?

Wenn der Pilz reift, reißen die Membranen und die Sporen können entweichen. Die Reste des zerrissenen Velum universale verbleiben an der Basis des Stiels und auf der Kappe in Form von Scheiben, Warzen, Perlen, Nadeln oder

Schuppen. Wenn die Sporen reif sind, werden sie durch Wind, Regen oder Tiere verschleppt. Ein neuer Pilz kann nur entstehen, wenn die Sporen dann an einem geeigneten Ort landen.

Wo wachsen Pilze?
Pilze wachsen nicht nur im Wald, sondern auch auf Wiesen, in Parks, an Wegrändern, in Gärten und sogar auf Dung und zwischen Pflastersteinen. Die meisten Pilze findet man jedoch in schattigen alten Wäldern. Viele Pilzarten wachsen in den Parks von Landgütern und historischen Landhäusern, weil dort der Boden oft jahrhundertelang nicht bewirtschaftet wurde, sodass sich das Myzel ungestört entwickeln konnte.

Pilznamen
Der Name des Pilzes bezieht sich oft auf seine Farbe, seine Form, seinen Geschmack oder seinen Geruch. Beispiele für solche Namen: Schwefelporling, Krause Glucke, Gallenröhrling oder Totentrompete.

ESSBARE UND GIFTIGE PILZE

Unter dem Gesichtspunkt der Genießbarkeit und Giftigkeit lassen sich fünf Arten von Pilzen unterscheiden:

- Speisepilze (z.B. Steinpilz, Austernpilz, einige Täublinge);
- nicht essbare, aber auch nicht giftige Pilze (z.B. Gallenröhrling);
- leicht giftige Pilze, roh giftig oder ungenießbar sind, und die, auch wenn sie gekocht verzehrt werden, Krankheiten verursachen können (z.B. Kirschroter Speitäubling);
- giftige Pilze, die nach dem Verzehr tödlich sind (z.B. Grüner Knollenblätterpilz);
- Heilpilze (z.B. Schmetterlingstramete).

Der Verzehr von Wildpilzen ist nicht ungefährlich. Pilze können für den Menschen schädliche Stoffe und Gifte enthalten. Beachten Sie die folgenden Hinweise, um Krankheiten oder Todesgefahr zu vermeiden.

Grundsätzliches

- Essen Sie Pilze nur, wenn Sie hundertprozentig sicher sind, dass es sich um eine essbare Art handelt. Im Zweifelsfall den Pilz stehen lassen!
- Sammeln Sie ausschließlich gesunde, reife Pilze.
- Pflücken Sie keine alten und beschädigten Pilze, die nicht mehr eindeutig identifiziert werden können.
- Sammeln Sie keine Pilze, die auf oder unter giftigen Bäumen, wie z.B. der Eibe, wachsen.
- Sammeln Sie keine Pilze auf kontaminierten Böden.
- Sammeln Sie keine Pilze, die eine grünliche Farbe haben und/oder wie ein Champignon aussehen (siehe Grüner Knollenblätterpilz, S. 33).

Fliegenpilz
(Amanita muscaria)

Der berühmte Fliegenpilz beflügelt seit Jahrhunderten die Fantasie der Menschen in vielen Ländern. Der giftige Pilz wächst im Spätsommer und Herbst in Symbiose (siehe S. 26) mit Birke, Edelkastanie, Eiche, Buche, Kiefer und Fichte. Eine mögliche Erklärung für seinen Namen ist, dass die rote Membran auf der Kappe Muscarin (lateinisch für »Fliege«) enthält, eine Substanz, die gegen Fliegen wirkt. Die meisten Wirkstoffe befinden sich in der roten Kappe. Neben dem giftigen Muscarin enthält der Pilz auch Muscimol, Muscazon und Ibotensäure. Einige Inhaltsstoffe des Fliegenpilzes haben halluzinogene Wirkungen.

- Nehmen Sie an Pilzwanderungen teil, die von Naturschutzorganisationen und Volkshochschulen angeboten werden.

Pilze erkennen

- Sie bestimmen den Pilz selbst: Verwenden Sie zwei verschiedene Feldführer. Betrachten Sie die Umgebung, in der der Pilz wächst, die Art des Bodens und die direkt benachbarten Baumarten. Betrachten Sie den Pilz von allen Seiten. Achten Sie auf seine Farbe, seinen Glanz, seinen Geruch und alle Merkmale von Hut, Stiel, Sporen usw. Setzen Sie alle Sinne ein: Brechen Sie ein Stück Pilz ab, riechen Sie daran (pfeffrig, fruchtig, nussig?), streichen Sie es über die Lippe (Kribbeln?), schneiden Sie den Pilz an (Verfärbung?) oder brechen Sie ihn (welches Geräusch hören Sie?).
- Befragen Sie einen Kenner. Fotografieren Sie den Pilz von allen Seiten (einschließlich der Unterseite), machen Sie sich Notizen über die Umgebung und die Jahreszeit, in der der Pilz wächst, und laden Sie die Fotos auf zuverlässige Online-Pilzplattformen hoch.
- Auf der Website der Deutschen Gesellschaft für Mykologie kann man nach Pilzsachverständigen suchen: www.dgfm-ev.de/service/pilzsachverstaendige

Essbare Pilze ernten

- Überprüfen Sie nochmals, ob Sie eine essbare Art gefunden haben.
- Schneiden Sie den Pilz knapp über dem Boden ab oder drehen Sie den Stiel knapp über dem Boden ab, bis er sich löst.
- Entfernen Sie Moos, Sand und ggf. die reifen Sporen von der Kappe und vergraben Sie alles in der Erde.
- Überprüfen Sie sorgfältig, dass keine anderen Pilze mitgeerntet wurden. Einige Pilze wachsen auf anderen Pilzen. Achten Sie beim Sammeln genau darauf, dass sich keine giftigen Arten unter den Pilzen verstecken.

- Bewahren Sie Pilze nur kurz, und immer kühl und dunkel auf. Empfindliche Pilze wickeln Sie in leicht feuchtes Küchenpapier.

Verarbeitung von Speisepilzen

- Den Pilz vorsichtig mit einer Bürste oder Küchenpapier reinigen und schlechte Teile und Moos wegschneiden.
- Prüfen, ob der Pilz erhitzt werden muss, um die Giftstoffe zu neutralisieren, oder ob er in Verbindung mit Alkoholkonsum giftig ist.
- Von einem neuen, unbekannten Pilz immer erst ein kleines Stück essen, um zu sehen, wie Ihr Körper reagiert. Achtung, die Reaktion kann einige Tage verzögert eintreten. Bestimmte Pilze lösen nur bei manchen Menschen allergische Reaktionen aus.
- Bei Anzeichen von Übelkeit, Erbrechen, Bauchkrämpfen, Durchfall, Herzklopfen und Hautausschlägen immer sofort einen Arzt verständigen!
- Bei lebensbedrohlichen Symptomen wie Bewusstlosigkeit, Krampfanfällen usw. rufen Sie bitte direkt den Notarzt – in Deutschland über die Nummer 112!

GIFTPILZE

Die Liste der giftigen Pilze ist zu lang, um sie alle in diesem Buch aufzuführen.
Die hier vorgestellten essbaren Arten sind leicht zu erkennen und es gibt kaum giftige Pilze, mit denen man sie verwechseln könnte. Holen Sie sich als Anfänger immer den Rat eines Pilzexperten ein, bevor Sie Ihre selbst gesammelten Pilze verzehren. Gegenüber finden Sie ein Porträt des giftigsten Pilzes, den es gibt.

Grüner Knollenblätterpilz
(Amanita phalloides)

Der Grüne Knollenblätterpilz ist der giftigste Pilz der Welt! Schon eine sehr geringe Menge kann tödlich wirken. Er wächst von Juli bis Oktober in Laubwäldern unter Eichen, Buchen, Haselnussbäumen und Kastanien. Wenn er jung ist, kann er mit dem jungen Champignon verwechselt werden, daher sollte man niemals selbst gesammelte Champignons essen. Der Pilz hat eine weiß-grüne Farbe, also nie einen Pilz mit grünlicher Farbe pflücken. Vergessen Sie auch nicht zu riechen: Der grüne Knollenblätterpilz riecht honigartig oder süßlich. Sicherheitshalber sollten Sie sich von allen Arten der Gattung *Amanita* fernhalten!

DIE ERNTE LAGERN

Wildpflanzen sind in der Regel nicht lange haltbar. Transportieren Sie sie vorsichtig in Papiertüten und verarbeiten Sie sie so schnell wie möglich oder lagern Sie sie gleich nach der Ernte an einem kühlen, dunklen Ort im Keller oder Schuppen. Wurzeln lässt man am besten in der Erde, bis sie benötigt werden, denn dort trocknen sie nicht aus. In ihrer eigenen Schale halten sich Nüsse an einem kühlen Ort lange Zeit frisch. Esskastanien können getrocknet oder in ein feuchtes Tuch eingewickelt im Kühlschrank aufbewahrt werden. Äpfel können mit etwas Abstand zwischen den Früchten in luftigen Holzsteigen gelagert werden.

WILDER APFEL

(Malus domestica)

Der echte Wildapfel (*Malus sylvestris*) wird bei uns schon seit der Steinzeit gegessen. Diese Art ist in Deutschland sehr selten, nur in Sachsen-Anhalt (Mittlere Elbe) und Baden-Württemberg (Südlicher Schwarzwald) gibt es noch kleine Bestände. Viel häufiger findet man am Straßenrand Apfelbäume, die aus weggeworfenen Kerngehäusen von Kulturapfelsorten (*Malus domestica*) gewachsen sind. Manchmal werden Apfelbäume mit schmackhaften, essbaren Äpfeln in Wohngebieten gepflanzt. Selbst die hübschen leuchtend roten Äpfel von Zierapfelbäumen sind bis weit in den Winter hinein essbar! Alle Äpfel, ob wild oder nicht, können für viele Gerichte verwendet werden, vom Apfelchutney bis zu getrockneten Apfelchips. Äpfel werden aufgrund ihres hohen Pektingehalts gern für Konfitüren mit gemischten Früchten verwendet, die wenig Pektin enthalten, z. B. Brombeeren.

Geschmack: erfrischend, süß-sauer, süß.

APFELKUCHEN

Apfelkuchen ist ein jahrhundertealter Klassiker in unserer Esskultur und wurde wahrscheinlich schon im 16. Jahrhundert erstmalig gebacken. Im Laufe der Zeit sind zahllose verschiedene Rezepte entwickelt worden. Für dieses wird ein süßer Sirup aus Zitronen- und Apfelschalen zubereitet.

Zutaten für ca. 8 Stücke:
125 g weiche Butter
100 g Zucker
2 Eigelb
2 EL Wasser
250 g Mehl

Belag:
1 kg Wilde Äpfel
1 TL Zimtpulver

Sirup:
Apfelschalen
1 Bio-Zitrone
50 g Zucker
50 ml Wasser

Küchenutensilien:
runde Backform
(Ø 28 cm)
Backpapier

Zubereitung:
Die Butter in Stücke schneiden.
Butter und Zucker in einer Schüssel schaumig rühren, Eigelb, Wasser und Mehl dazugeben und alles zügig zu einem glatten Teig verarbeiten. Den Teig 1 Stunde im Kühlschrank ruhen lassen.
Die Äpfel waschen und schälen (Schalen aufbewahren!), in Stücke schneiden und mit dem Zimt vermischen. Die Zitrone schälen und die Schale zur Seite legen.
Den Backofen auf 175 °C vorheizen.
Den Teig auf der bemehlten Arbeitsfläche zu einem Kreis ausrollen (etwas größer als die Backform).
Die Form mit Backpapier auslegen und den Teig mit den Fingern in die Form drücken.
Die Apfelstücke auf dem Teigboden verteilen.
Den Kuchen etwa 45 Minuten auf der mittleren Schiene backen, bis die Apfelstücke gar sind.
Die Apfelschalen mit Zitronenschale, Zucker und Wasser zu einem dicken Sirup einkochen. Durch ein feines Sieb abgießen. Den Sirup über den Kuchen gießen. Mit Vanilleeis oder Sahne servieren.

Tipp: Geben Sie vor dem Backen in Portwein marinierte Apfelbeeren (siehe S. 49) zur Apfelfüllung.

CIDRE

Die Herstellung von Cidre ist einfacher als das Keltern von Wein. Äpfel tragen auf ihrer Schale natürliche Hefen, die den Fruchtzucker in Alkohol und Kohlendioxid umwandeln. Damit der Gärungsprozess richtig funktioniert, darf kein Sauerstoff in den gärenden Apfelsaft gelangen. Das lässt sich mit einem Gäraufsatz bewerkstelligen. Er lässt keinen Sauerstoff herein, wohl aber entstehendes Kohlendioxid hinaus. Dadurch wird verhindert, dass die Flasche explodiert. Wer keinen Gäraufsatz hat, verschließt die Flasche mit einem Schraubdeckel und öffnet ihn regelmäßig, um das Kohlendioxid vorsichtig entweichen zu lassen.

Zutaten:
1 kg Äpfel

Küchenutensilien:
Reibe
Obstpresse oder Käseleinen (Seihtuch)
sterile Flasche
Gäraufsatz (wenn vorhanden)

Zubereitung:
Die Äpfel waschen und mit der Schale reiben. Durch eine Obstpresse drücken oder in Käseleinen wickeln und auspressen. Den Saft auffangen und in eine Flasche füllen. Den Gäraufsatz anbringen und den Saft 3 Monate an einen kühlen, dunklen Platz stellen. Den Gärungsprozess genau beobachten.

Variante: Verwenden Sie anstelle von frischem Apfelsaft einen naturtrüben, roh gepressten Apfelsaft aus dem Bioladen.

APFELMUS MIT ZITRONE UND INGWER

Ingwer und abgeriebene Zitronenschale geben dem bescheidenen Apfelmus hier eine besondere Note.

Zutaten:

1 kg Wildäpfel
1 Bio-Zitrone
1-cm-Stück Ingwer
100 g Honig

Zubereitung:

Die Äpfel waschen, schälen und in Stücke schneiden. Die Schale der Zitrone abreiben und den Ingwer reiben. Die Apfelstücke in einen Topf geben und so viel Wasser hinzufügen, dass sie gerade bedeckt sind. Alles zum Kochen bringen und unter Rühren zu einem Mus kochen. Die Flüssigkeit abgießen (für ein Getränk verwenden), das Mus im Topf lassen. Zitronenschale, Ingwer und Honig dazugeben und kurz mitkochen.

Tipp: Dieses würzige Apfelmus passt gut zu deftigen Gerichten wie Kartoffelbrei mit Winterportulak (siehe S. 162) oder auch Austernpilzhaschee (siehe S. 153).

APFELBEEREN

(Aronia)

In Osteuropa stellt man aus Aronia Likör her, in Deutschland werden die Beeren hauptsächlich zu Saft verarbeitet. Die Aronia fällt an Wegrändern und Waldrändern durch die rot-gelbe Färbung ihrer Blätter im Herbst und die schönen tiefroten, fast schwarzen Beeren auf. Diese gesunde Wildfrucht enthält unter anderem Antioxidantien, Flavonoide, Vitamin C und Vitamin K. Der säuerliche Geschmack verschwindet nach dem ersten Nachtfrost im November und nach dem Trocknen oder Erhitzen. Apfelbeeren können in Maßen direkt vom Strauch gepflückt und als Süßigkeit gegessen werden, aber man kann sie auch wie Sultaninen trocknen, Konfitüre aus ihnen kochen oder sie in rotem Portwein einlegen!

Geschmack: würzig-süß (nach dem ersten Frost).

CÁLEM
PORTO
• SERVE CHILLED •
10
PORT WINE

APFELBEEREN IN PORTWEIN

Hier wird ein Mazerat, das heißt, ein kalter Auszug hergestellt. Das klingt kompliziert, ist es aber nicht. Dem Alkohol, in diesem Fall Portwein, werden Apfelbeeren zusammen mit Gewürzen zugesetzt. Der Alkohol zieht den Geschmack aus den Beeren und Gewürzen heraus, wodurch ein köstlicher süß-würziger Dessertlikör entsteht. Der Alkohol sorgt für eine lange Haltbarkeit.

Zutaten:
100 g Aroniabeeren (oder so viele, wie Sie gepflückt haben)
1 Vanilleschote
1 Flasche roter Portwein (750 ml)
1 Zimtstange
1 Sternanis

Küchenutensilien:
sterile Glasflasche (1 Liter)

Zubereitung:
Die Beeren waschen und aufschneiden. Das Mark der Vanilleschote auskratzen.
Den Portwein in eine sterile Glasflasche mit großer Öffnung gießen. Beeren und Gewürze hinzufügen und 1 Monat (oder länger) ziehen lassen. Zwischendurch die Flasche regelmäßig schütteln.

Tipp: Verwenden Sie den Beerenportwein für eine (Dessert-)Sauce oder als Dessertlikör zum Weihnachtsessen. Die Beeren, die übrig bleiben, wenn der Portwein ausgetrunken ist, können für Apfelkuchen (siehe S. 41) oder klassischen Rotkohl verwendet werden.

WIESEN-BÄRENKLAU

(Heracleum sphondylium)

Viele Menschen denken, dass der Bärenklau giftig ist, aber das stimmt nur teilweise. Von den zwei Arten des Bärenklaus ist nur der Riesen-Bärenklau giftig, der Wiesen-Bärenklau hingegen nicht. Die Unterschiede entnehmen Sie dem Hinweis unten. Keine andere Wildpflanze hat eine so breite Geschmackspalette wie der Wiesen-Bärenklau (siehe unten). Seine Samen eignen sich hervorragend für Piccalilly, in Senf eingelegtes saures Gemüse.
Achtung! Der giftige Riesen-Bärenklau hat eine Wuchshöhe von bis zu 4 m, die Behaarung ist sehr dicht und auch an den Blättern zu finden. Am Stiel bilden sich rote Flecken aus und die Blätter wirken kantig und länglich. Der ungiftige Wiesen-Bärenklau wird maximal 1,50 m hoch, hat keine roten Flecken und seine Blätter sind eher rundlich.

Der im Stängel enthaltene Pflanzensaft des **Riesen-Bärenklaus** kann in Kontakt mit UV-Strahlen schwere Hautreizungen verursachen. Gelangt der Pflanzensaft in die Augen, kann dies sogar zur Erblindung führen. Deshalb ist es unbedingt notwendig, sich vor dem Entnehmen der Samen aufgrund der Unterscheidungsmerkmale zu vergewissern, dass es sich um Wiesen-Bärenklau handelt.

Geschmack: Mandarine, Bergamotte, Kardamom, Sellerie, Gurke und Kokosnuss.

BÄRENKLAU-PICCALILLY

Piccalilly ist eine ursprünglich indisch-englische Sauce, in der Gemüse aus dem Garten verarbeitet wird. Essig, Senf, Curry und Bärenklau verleihen diesem Rezept einen herrlich frischen, würzigen Geschmack. Essig hat eine konservierende Wirkung und macht das Piccalilly länger haltbar. Am besten verwenden Sie herzhaftes Gemüse wie Möhren, Blumenkohl oder Pastinaken.

Zutaten:
100 g Blumenkohl
100 g Möhren
100 g Pastinaken
100 g Weißkohl
1-cm-Stück frischer Ingwer
½ TL Bärenklau-Samen
1 EL Currypulver
40 g Zucker
125 ml Weißwein- oder Apfelessig
1 EL Weizenmehl
1 EL Wasser

Küchenutensilien:
Mörser
steriles Glasgefäß mit Schraubdeckel (500 ml)

Zubereitung:
Das Gemüse waschen, in gleichmäßig große Würfel (5 mm) schneiden und bissfest kochen oder dämpfen. Den Ingwer reiben und die Bärenklau-Samen in einem Mörser zerstoßen. Die Bärenklau-Samen mit dem Currypulver in einer schweren Pfanne ohne Fett bei schwacher Hitze kurz rösten, bis die Gewürze zu duften beginnen. Ingwer, Zucker und Essig hinzufügen. Mehl und Wasser zu einer Paste verrühren, in die Mischung in der Pfanne rühren und unter Rühren bei mittlerer Hitze zu einer gebundenen Sauce kochen. Das bissfeste Gemüse dazugeben und alles weitere 10 Minuten bei mittlerer Hitze garen. Nicht salzen und pfeffern, das Piccalilly ist bereits gewürzt! Das heiße Piccalilly sofort in das Glas füllen, verschließen und kopfüber abkühlen lassen, damit sich ein Vakuum bildet.
Gut verschlossen hält sich das Piccalilly an einem kühlen, dunklen Ort etwa 1 Jahr. Nach dem Öffnen zum Entnehmen immer einen sauberen Löffel verwenden.

Tipp: Servieren Sie das Piccalilly zu deftigen Gerichten wie dem Austernpilzhaschee (siehe S. 153), zu Pommes frites oder zu gereiftem Käse.

BUCHE

(Fagus sylvatica)

Im Herbst färben sich die Wälder gelb und orange, was vor allem auf den großen Bestand an Buchen zurückzuführen ist. Die Buche ist in Europa heimisch, und in Deutschland gibt es mehrere naturnahe Buchenaltwälder, die auf der Liste des UNESCO-Welterbes stehen. Im Herbst liegen ganze Teppiche von Bucheckern unter den Bäumen. Genug für Mensch und Tier! Das Herauslösen der Bucheckern aus der Schale ist eine Menge Arbeit, aber es lohnt sich. Übrigens haben auch Kinder daran ihren Spaß und bleiben oft mit beeindruckender Ausdauer dabei. Die Schale der Bucheckern enthält das Saponin Fagin. Dieser Stoff verschwindet nach dem Erhitzen und ist nur giftig, wenn man viel davon isst.

Geschmack: süß, nussig.

PASTINAKENSALAT MIT GERÖSTETEN BUCHECKERN

Geröstete Bucheckern lassen sich leichter schälen. Wenn man sie danach ein zweites Mal röstet, löst sich die Haut, die unbekömmlich ist, und übrig bleiben nur die Kerne mit ihrem schönen nussigen Duft und Geschmack – fast so lecker wie Pinienkerne!

Zutaten:
250 g Pastinaken

Dressing:
4 EL Walnussöl (siehe S. 207)
1 EL Apfelessig
1 TL Honig
1 TL Senf

Zum Garnieren:
100 g Bucheckern

Zubereitung:
Die Bucheckern in einer schweren Pfanne bei geringer Hitze unter Rühren rösten. Die Bucheckern schälen und erneut rösten, dann auf ein sauberes Geschirrtuch legen und die braune Haut abreiben.
Die Pastinake schälen und in kleine gleichmäßige Stifte schneiden.
Die Zutaten für das Dressing in ein Schraubglas geben und gut schütteln. Das Dressing über die Pastinaken gießen und einziehen lassen.
Die gerösteten Bucheckern erst kurz vor dem Servieren zum Salat geben, damit sie knackig bleiben.

Tipp: Servieren Sie den Salat mit Pommes frites, Steinpilzragout (siehe S. 83) oder Austernpilzhaschee (siehe S. 153).

60

LEBERREISCHLING

(Fistulina hepatica)

Wer diese Pilze kennt, wird sie bei einem Waldspaziergang im Sommer und Frühherbst häufiger entdecken. Ausgewachsene Exemplare sehen wunderschön aus: eine große rote Scheibe, manchmal in Form einer Rinderzunge oder eines Fächers, die auf der Rinde am Fuß von Eichen oder an einem Eichenstumpf wächst. Schneiden Sie etwas ab, wenn der Pilz groß genug ist, drücken Sie ihn zusammen und lassen Sie das »Blut« heraussickern. Spektakulär! Es liegt nahe, diese großen flachen Pilze wie ein Steak zu braten. Durch die Gerbsäure der Eichen, auf denen sie wachsen, haben sie einen leicht säuerlichen Geschmack. Darum empfehle ich, sie kräftig mit Salz, Pfeffer und Thymian zu würzen. Zum Verzehr geeignet sind nur die jungen Exemplare.

Geschmack: leicht säuerlich.

GEBRATENER LEBERREISCHLING

Zutaten:
400 g Leberreischlinge
Meersalz und frisch gemahlener Pfeffer
Thymian
50 g Butter
Wasser oder Brühe

Zubereitung:
Die Pilze mit Küchenpapier säubern, in gleichmäßige Scheiben schneiden (wie Steak) und mit Salz, Pfeffer und Thymian bestreuen. Die Butter bei schwacher Hitze in einer schweren Pfanne zerlassen und leicht bräunen. Die Pilzstücke hinzufügen und bei starker Hitze 5 Minuten von jeder Seite braten, bis sie braun und knusprig sind. Die Steakpilze aus der Pfanne nehmen, das Fett mit etwas Wasser oder Brühe ablöschen und unter Rühren leicht einkochen.

RIESENBOVIST

(Calvatia gigantea)

Der Riesenbovist fällt im Spätsommer und Frühherbst ins Auge. Seine Fruchtkörper liegen wie große schneeweiße Kugeln im Gras. Ich musste lange nach diesem Pilz suchen, bis ich ihn schließlich am Rande eines öffentlichen Gartens entdeckte, direkt unter einer Hecke, wo der Rasenmäher ihn nicht erreichen konnte. Boviste schmecken nur gut, solange ihr Inneres weiß ist. Sobald sich der Fruchtkörper ins gelblich-bräunliche verfärbt, sollte man die Pilze nicht mehr essen. Zudem darf der Riesenbovist nicht roh verzehrt werden. Junge Riesenboviste sind essbar, bei älteren können sich allerdings gesundheitsschädliche Schwermetalle im Fleisch anreichern. Weil der Riesenbovist einen sehr milden Geschmack hat, eignet er sich gut zum Füllen mit herzhaften Zutaten.

Geschmack: neutral.

Achtung! Sehr kleine Boviste können mit der Jugendform von Grünen Knollenblätterpilzen und Champignons verwechselt werden! Hier hilft nur, den Bovist aufzuschneiden, denn dieser ist im Inneren durchgehend weiß und zeigt keine Stiel- oder Lamellenansätze wie die beiden erstgenannten.

GEFÜLLTER RIESENBOVIST

Zutaten:
4 Schalotten
2 Knoblauchzehen
200 g alter Käse
1 junger Riesenbovist
50 ml Olivenöl
1 Zweig Rosmarin
1 Scheibe Brot

Zubereitung:
Den Backofen auf 150 °C vorheizen.
Die Schalotten hacken, den Knoblauch pressen und den Käse reiben. Den Pilz mit Küchenpapier abwischen, den oberen Teil abschneiden und den unteren Teil aushöhlen. Das Pilzfleisch fein hacken. Das Olivenöl in einer schweren Pfanne erhitzen. Schalotte, Knoblauch und Rosmarin unter Rühren bei schwacher Hitze darin anbraten. Das Brot zerbröseln und zusammen mit dem gehackten Pilzfleisch in der Pfanne kurz anbraten.
Den ausgehöhlten Bovist mit der Mischung füllen und mit dem Käse bestreuen. Den Bovist 30 Minuten im Ofen überbacken.

BROMBEERE

(Rubus fruticosus)

Gehen Sie auf die Suche nach einem sonnigen Platz, an dem die Brombeeren schön dunkel, reif und süß sind! Nehmen Sie (Enkel-)Kinder und Nachbarskinder mit. Alle sollten Kleidung tragen, die Flecken bekommen darf, und Gartenhandschuhe anziehen. Ein Stockschirm mit Krücke ist praktisch, um hohe oder hinten liegende Ranken in Griffweite zu ziehen. Pflücken Sie keine Brombeeren unter Kniehöhe: Auf ihnen könnten sich Eier des Fuchsbandwurms befinden. Im Zweifelsfall ist es ratsam, die Früchte abzukochen. Brombeeren werden hauptsächlich im Spätsommer gepflückt, aber auch im Frühherbst kann man sie noch in Wäldern und an Wegrändern finden. Einige Brombeeren reifen nicht nach. Sie bleiben rosa und sauer, können aber für Marmelade verwendet werden. Auch andere dunkle Beeren wie Holunder und Apfelbeere können in dieser Konfitüre verarbeitet werden. Die (wilden) Äpfel im Rezept liefern zusätzliches Pektin.

Geschmack: süß-säuerlich.

BROMBEERKONFITÜRE

Zutaten:
500 g Brombeeren
2 (wilde) Äpfel
½ Zitrone
½ Vanilleschote oder ein Stück Nelkenwurz (siehe S. 149)
500 g Gelierzucker

Küchenutensilien:
Passiersieb
sterilisiertes Glas mit Schraubdeckel (500 ml)

Zubereitung:
Die Brombeeren von den Stielen lösen und waschen. Die Äpfel waschen und samt Schale und Kerngehäuse (beides enthält viel Pektin) in Stücke schneiden. Die Zitrone waschen und in Spalten schneiden. Die Vanilleschote aufschneiden und das Mark herauskratzen.
Früchte und Vanille in einen schweren Topf geben und mit Wasser auffüllen, bis alles gerade bedeckt ist. Die Brombeermischung 5 Minuten bei geschlossenem Deckel köcheln lassen. Die Mischung durch das Sieb streichen, den Gelierzucker hinzufügen und alles im offenen Topf einige Minuten köcheln lassen, bis es eindickt. Eine Portion der Konfitüre kann sofort als Dessertsauce zu Quark verwendet werden. Den Rest einmachen und später genießen.
Dafür das Glas bis zum Rand mit der heißen Konfitüre füllen, sofort verschließen und auf den Kopf stellen, damit sich ein Vakuum bildet. Nach 5 Minuten wieder aufrecht stellen. Die Konfitüre hält sich an einem kühlen, dunklen Platz etwa 1 Jahr. Nach dem Öffnen im Kühlschrank aufbewahren und nur mit einem sauberen Löffel entnehmen.

Tipp: Servieren Sie die Brombeermarmelade zu einem Dessert oder auf einem Kuchen (siehe S. 74).

TARTE MIT BROMBEERKONFITÜRE

Kuchen ohne Backofen? Aber sicher! Vielleicht kennen Sie den klassischen New York Cheesecake mit einem Boden aus zerkleinerten Keksen und einem Belag aus Frischkäse? Selbstverständlich lässt sich dieses Rezept vielfältig abwandeln. Diese Variante hat einen Boden aus Haselnusskeksen, eine Füllung aus Frischkäse mit weißer Schokolade und einen Belag aus selbst gemachter Brombeerkonfitüre.

Zutaten für ca. 8 Stücke:

Boden:
50 g Butter
200 g Haselnussplätzchen (siehe S. 90) oder Vollkornbutterkekse

Belag:
500 g Frischkäse
125 g Zucker
8 g Vanillezucker oder Nelkenwurzzucker (siehe S. 149)
300 g weiße Schokolade

Topping:
250 g Brombeerkonfitüre (siehe S. 72)

Küchenutensilien:
Springform (Ø 24 cm)
Backpapier

Zubereitung:
Die Springform mit Backpapier auslegen. Die Butter bei schwacher Hitze zerlassen. Die Kekse zerbröseln und mit der Butter zu einem Teig vermengen. Den Teig in der Springform verteilen und mit den Fingern gut an Boden und Rand andrücken. Den Tortenboden für mindestens 1 Stunde in den Kühlschrank stellen.
Frischkäse, Zucker und Vanillezucker verrühren. Die Schokolade im Wasserbad schmelzen: Eine Schüssel mit der Schokolade in einen Topf mit Wasser stellen und das Wasser zum Kochen bringen, damit die Schokolade in der Schüssel schmilzt. Dabei darf der Schüsselboden das Wasser nicht berühren. Schokolade und Frischkäse miteinander verrühren und die Masse auf dem abgekühlten Kuchenboden verteilen. Zum Festwerden für 1 Stunde in den Kühlschrank stellen. Die Brombeermarmelade auf dem Kuchen verteilen.

Variante: Ersetzen Sie den Frischkäse durch stichfeste Kokoscreme oder veganen Quark.

STEINPILZ

(Boletus edulis)

Steinpilze, die zur Familie der Dickröhrlingsverwandten gehören, eignen sich gut für Anfänger, da sie leicht zu erkennen sind und einen unverwechselbaren Geruch und Geschmack haben. Selbst wenn Sie als Anfänger versehentlich einen anderen Pilz dieser Familie sammeln, riskieren Sie keine schwere Vergiftung.

Steinpilze schmecken und riechen köstlich, sie sind relativ häufig und an dem gelblichen Schwamm (Röhren, nicht Lamellen) auf der Unterseite des Hutes zu erkennen. Die Familie der Dickröhrlingsverwandten (*Boletaceae*) umfasst 96 Gattungen und fast 1500 Arten. Der Steinpilz ist die bekannteste Gattung, aber seine Verwandten sind weit verbreitet.

Keine Art der Familie ist tödlich giftig, der Satansröhrling (weißer Hut, roter Stiel, selten) kann jedoch schwere Magen- und Darmbeschwerden verursachen. Der netzstielige Hexenröhrling ist roh giftig, gekocht aber essbar. Zusammen mit Alkohol ist er allerdings unverträglich. Der Gallenröhrling ist nicht giftig, schmeckt aber unangenehm.

Steinpilze wachsen hauptsächlich in Wäldern in Symbiose mit Buchen und Eichen.

Junge Exemplare eignen sich gut zum Füllen oder Braten. Die etwas älteren Steinpilze können zu Suppe oder Ragout verarbeitet werden. Feste Stiele lassen sich gut trocknen, dann zerkleinern und für Brühe-Pulver verwenden.

Geschmack: herzhaft, umami, typischer Pilzgeschmack.

GETROCKNETE STEINPILZE

Getrocknete Steinpilze haben ein sehr intensives, herzhaftes Aroma. Sie sind lange haltbar und eignen sich gut als Würze für Suppen, Saucen und Ragouts. Der September ist der beste Monat, um frisch geerntete Steinpilze in der warmen Spätsommersonne zu trocknen!

Zutaten:
Steinpilze

Küchenutensilien:
Kuchengitter

Zubereitung:
Die Steinpilze in sehr dünne Scheiben schneiden und auf einem Kuchengitter in der Sonne trocknen lassen, bis sie so spröde wie Chips sind. Später im Herbst können Sie sie auf der Heizung oder im Backofen auf niedrigster Stufe bei angelehnter Ofentür trocknen. Die getrockneten Pilze sind in einem fest verschlossenen Glas an einem kühlen, dunklen Platz etwa ein Jahr haltbar.

Verwenden Sie die getrockneten Steinpilze zum Würzen von Saucen und Suppen. Die Steinpilze in warmem Wasser einweichen, dann ausdrücken, in das Gericht geben und das Einweichwasser wie Brühe verwenden. Sie können die Steinpilze auch direkt in eine Pilzsuppe (siehe S. 155) oder in Saucen geben, ohne sie einzuweichen.

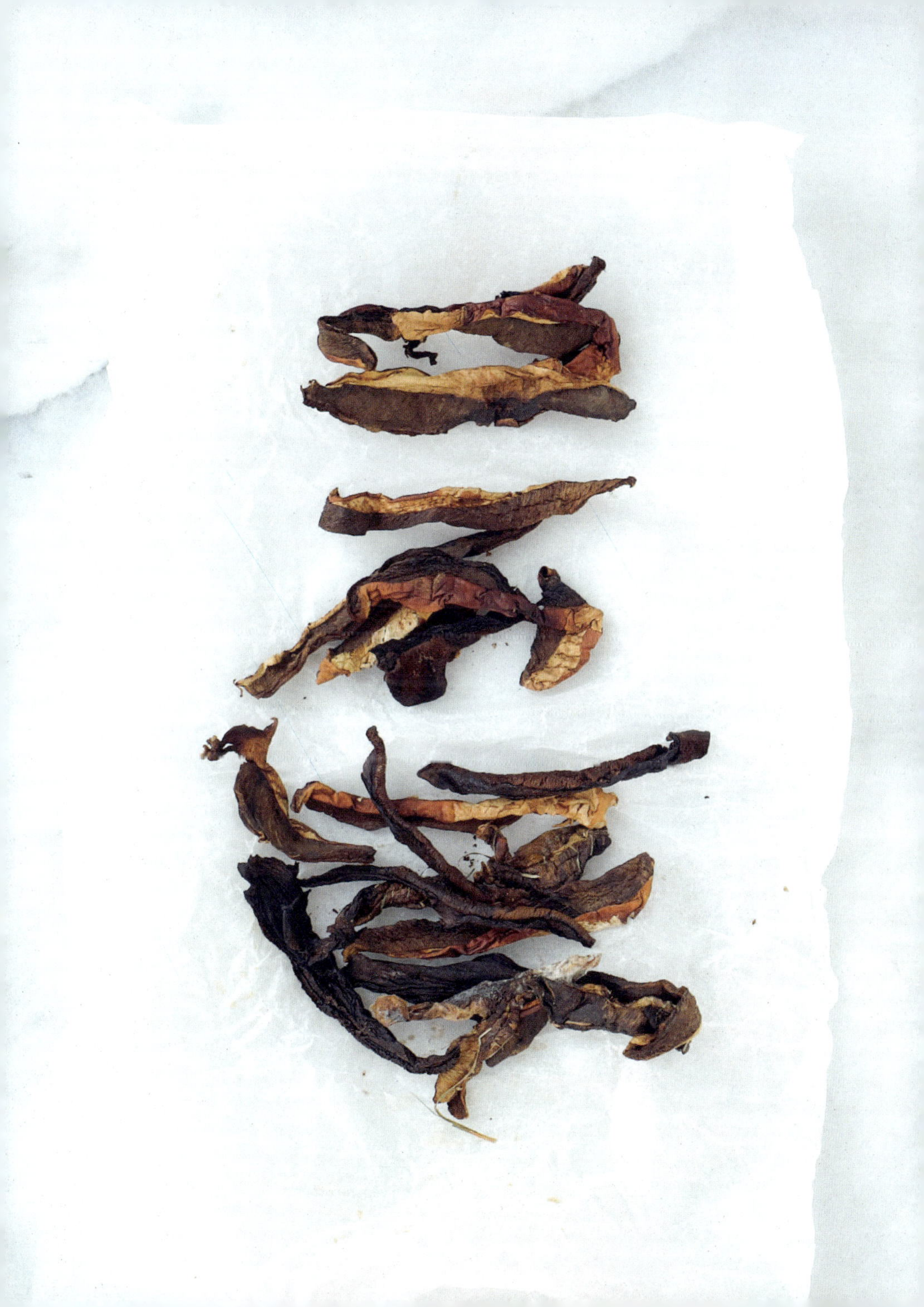

STEINPILZRAGOUT

Zutaten:
4 Blätterteigpasteten
1 Zwiebel
1 Knoblauchzehe
400 g frische Steinpilze
4 EL Sonnenblumenöl
50 g Butter
50 g Weizenmehl
100 g getrocknete Steinpilze (siehe S. 78)
250 ml Wasser
2 EL Crème fraîche
Worcestershiresauce oder Pilzketchup (siehe S. 166)
Salz und Pfeffer
gehackte Petersilie

Küchenutensilien:
Backpapier

Zubereitung:
Den Backofen auf 175 °C vorheizen.
Die Deckel der Pasteten abnehmen. Zwiebel und Knoblauch fein hacken, die frischen Steinpilze in gleich große Stücke schneiden. Das Öl in einer schweren Pfanne erhitzen. Zwiebel und Knoblauch darin bei schwacher Hitze glasig dünsten. Die frischen Steinpilze hinzufügen und 5 Minuten unter Rühren bei mittlerer Hitze braten. Die Zwiebel-Pilz-Mischung aus der Pfanne nehmen.
Die Butter in der Pfanne zerlassen, das Mehl dazugeben und einige Minuten unter Rühren bei schwacher Hitze anschwitzen. Die getrockneten Steinpilze, die sautierten frischen Steinpilze und das Wasser hinzufügen und mit einem Schneebesen rühren, bis die Sauce glatt und cremig ist. Crème fraîche, Worcestershiresauce, Pfeffer und Salz unterrühren und das warme Ragout in die Pasteten füllen.
Die Pasteten auf ein mit Backpapier ausgelegtes Backblech legen und 10 Minuten im Ofen aufbacken. Mit Petersilie bestreuen und servieren.

HASEL

(Corylus avellana)

Die heimische Hasel wächst überall: an Waldrändern, an Straßenrändern und in Parks. Noch bevor die Blätter austreiben, trägt der Strauch Blüten. Die männlichen Blüten sind die gut bekannten, gelblichen Kätzchen. Die weiblichen Blüten sind unscheinbar. Sie bestehen aus einem kleinen, violetten Becher mit einem winzigen roten Griffel. Die Haselnuss ist der essbare Kern der Frucht. Die Blätter der Hasel können wie die Blätter von Walnussbäumen, Buchen und Kastanien zum Verpacken von Nuss- oder Fruchtaufstrichen oder als »Teller« zum Servieren kleiner Häppchen verwendet werden. Die kleineren wilden Haselnüsse haben einen ausgeprägteren Haselnussgeschmack und sind reich an Vitamin E und ungesättigten Fettsäuren. Auch die Früchte der Baumhasel oder Türkischen Hasel *(Corylus colurna)* können verwendet werden. Dieser Baum wird häufig in städtischen Parks gepflanzt und hat auffallend gekräuselte Blattränder.

Wie alle Nüsse werden auch Haselnüsse knackiger und aromatischer, wenn man sie röstet. Das kann im Ofen geschehen, aber auch in einer schweren Pfanne. Streuen Sie die Nüsse über einen Salat oder mischen Sie sie in ein Müsli. Für einen Haselnussdrink mischen Sie fein gemahlene Haselnusskerne mit Wasser und etwas Honig und gießen die Mischung dann durch ein Stück Käseleinen. Das übrig gebliebene Nussmus kann zum Beispiel als Füllung für Kuchen, Torten, Brot verwendet werden.

Geschmack: süß, nussig.

HASELNUSSAUFSTRICH

In Italien waren die meisten Menschen im frühen 19. Jahrhundert arm und hatten kein Geld für Luxusprodukte wie Schokolade. Darum entwickelten die Schokoladenhersteller aus Turin eine preiswertere Alternative: Sie mischten erschwingliche Haselnüsse mit der teuren Schokolade. In den 1960er-Jahren brachte das italienische Unternehmen Ferrero einen Haselnussaufstrich mit dem Namen Nutella auf den Markt, der die Welt im Sturm eroberte und eine Reihe von Nachahmern fand. Allerdings sind diese Brotaufstriche sehr zuckrig. Wer einen weniger süßen Aufstrich mit intensivem Haselnussgeschmack wünscht, kann ihn selbst herstellen.

Zutaten:
250 g Haselnüsse
150 g Kakaopulver
2 EL Sonnenblumenöl
50 g flüssiger Honig (oder etwas mehr, wenn Sie es süß mögen!)

Küchenutensilien:
Backpapier
Küchenmaschine
sterilisiertes Glas mit Schraubdeckel

Zubereitung:
Den Backofen auf 150 °C vorheizen.
Die Haselnüsse schälen. Ein Backblech mit Backpapier auslegen. Die Haselnusskerne darauf verteilen und im Ofen knusprig rösten, dabei das Blech regelmäßig rütteln. Die warmen Nüsse auf ein sauberes Geschirrtuch geben und die braune Haut abreiben. Die Haselnusskerne mit Kakaopulver, Sonnenblumenöl und Honig im Mixer zu einer glatten Paste verarbeiten. Um die Streichfähigkeit zu verbessern, ggf. etwas mehr Öl zugeben.
Die Paste in ein Glas füllen und an einem kühlen, dunklen Ort aufbewahren. Verwenden Sie jedes Mal einen sauberen Löffel, wenn Sie etwas vom Haselnussaufstrich aus dem Glas nehmen.

HASELNUSSDRINK

Zutaten:
500 g Haselnüsse

Küchenutensilien:
Mixer
Käseleinen (Seihtuch)

Zubereitung:
Die Haselnüsse schälen und in einer schweren Pfanne bei schwacher Hitze unter Rütteln rösten (alternativ bei niedriger Temperatur im Backofen rösten).
Die warmen Haselnusskerne auf ein Geschirrtuch geben und die braune Haut abreiben. Die Haselnusskerne in einem Mixer fein mahlen und durch ein feines Sieb rieseln lassen. Das feine Mehl, das aus dem Sieb kommt, auffangen.
Das Haselnussmehl in den Mixer geben, die doppelte Menge Wasser hinzufügen und alles zu einem Brei verarbeiten. Das Käseleinen in das Sieb legen, den Haselnussbrei hineingeben und sehr gründlich auspressen. Die milchige Flüssigkeit auffangen. Das Haselnussmark, das im Käseleinen zurückbleibt, kann für Keks- und Kuchenteig, Desserts oder Müsli verwendet werden.

HASELNUSSPLÄTZCHEN

In diesem Grundrezept für Plätzchen wird das Mehl teilweise durch Haselnussmehl ersetzt. Diese Kekse können auch für den ungebackenen Boden der Brombeer-Tarte (siehe S. 74) verwendet werden.

Zutaten:
125 g kalte Butter oder Margarine
1 Vanilleschote
100 g Haselnussmehl
25 g Haselnussbrei (siehe S. 89)
125 g Weizenmehl
75 g Zucker
1 Eigelb

Küchenutensilien:
Ausstechform oder kleines Glas
Backpapier

Zubereitung:
Den Backofen auf 150 °C vorheizen.
Die Butter in Würfel schneiden. Die Vanilleschote der Länge nach aufschneiden und das Mark mit einer Messerspitze herauskratzen (die leere Vanilleschote für die Herstellung von Vanillezucker aufheben).
Haselnussmehl, Haselnussbrei, Butterwürfel, Mehl, Zucker, Eigelb und Vanillemark zu einem Teig vermengen und 1 Stunde im Kühlschrank ruhen lassen.
Den Teig zu einer ca. 2,5 mm dicken Platte ausrollen und mit einer Ausstechform oder mit dem Rand eines Glases Plätzchen ausstechen. Die Plätzchen auf ein mit Backpapier ausgelegtes Backblech legen und im Ofen etwa 15 Minuten goldbraun und knusprig backen. Servieren Sie die Haselnussplätzchen im Herbst zu einer Tasse Tee.

HASELNUSSMARZIPAN

Marzipan wird traditionell aus Mandeln, Zucker und Eiweiß hergestellt. Da Mandelbäume bei uns jedoch sehr selten sind, können Sie die Mandeln durch Haselnüsse oder andere Nüsse ersetzen. Marzipan ist lange haltbar, da es viel Zucker und wenig Feuchtigkeit enthält. Wenn Sie einen Vorrat an Marzipan herstellen, können Sie es im Dezember auch für Nikolausfiguren und die Füllung eines Weihnachtskuchens verwenden.

Zutaten:
200 g Haselnussmehl
200 g Zucker
3 Eiweiß
2 EL Zitronensaft
natürliche Farbstoffe (z. B. Spinat, Kakao, Zimt, Rooibostee, Mohn, Minze, Tintenfischtinte, Rote Bete)

Zubereitung:
Haselnussmehl, Zucker, Eiweiß und Zitronensaft mischen. Wenn das Marzipan zu feucht ist, etwas mehr Nussmehl hinzufügen. Ist es zu trocken, etwas mehr Zitronensaft untermengen. Aus der Masse kleine Kugeln formen und 1 Stunde im Kühlschrank ruhen lassen. Sie können die Marzipanmasse auch mit natürlichen Zutaten einfärben und kleine Figuren daraus formen.

HUNDSROSE

(Rosa canina)

Dass Hagebutten gesund sind, steht außer Zweifel. Gerade im Herbst und Winter sind sie eine wertvolle Quelle für Vitamine (C, A, B1, B2 und E) für Mensch und Tier. Die Früchte sind anfangs hart und sauer, bekommen aber nach dem ersten Frost einen süß-säuerlichen Geschmack. Die wilde Hundsrose kommt recht häufig vor, beispielsweise an Wegrändern, aber auch in Parks und Gärten. Übrigens bilden viele Rosenarten fleischige Hagebutten, die ebenfalls verwendet werden können. Achten Sie aber darauf, vor dem Verzehr den Flaum und die Kerne aus den Hagebutten zu entfernen, da diese Haut- und Magenreizungen verursachen. Nicht umsonst wurden Hagebuttenflaum und -samen früher als »Juckpulver« verwendet.

Sie können im Handumdrehen ein herbstliches aromatisiertes Wasser herstellen, indem Sie einige Hagebutten – ohne Kerne und Flaum – mit etwas Nelkenwurz oder Waldmeister in ein Glas Wasser geben. Für einen herbstlichen Essig geben Sie einige Hagebutten und etwas Honig in eine Flasche Weißwein- oder Apfelessig.

Geschmack: süß-säuerlich.

HAGEBUTTEN-KNUSPERMÜSLI

Die Hagebutten geben diesem Müsli eine süß-säuerliche Note, die gut zu dem nussigen Geschmack der gerösteten Getreideflocken passt.

Zutaten:
100 g Hagebutten, frisch oder getrocknet
250 g Hafer- oder Weizenflocken
100 g Kokosraspel

Küchenutensilien:
Backpapier

Zubereitung:
Den Backofen auf 150 °C vorheizen.
Die Hagebutten waschen, Stiele und Kelchblätter entfernen und die Samen herauslösen.
Das Müsli auf einem mit Backpapier ausgelegten Backblech verteilen und knusprig rösten, dabei regelmäßig wenden. Aus dem Ofen nehmen und erkalten lassen.
Das Müsli mit Kokosraspeln und Hagebutten mischen und in einem luftdicht schließenden Behälter aufbewahren. Es schmeckt zum Frühstück mit Milch, Joghurt oder Fruchtsaft, man kann es aber auch über Desserts streuen.

Tipp: Nüsse aller Art oder Bucheckern können zusammen mit den Flocken im Ofen geröstet werden.

SCHOPF-TINTLING

(Coprinus comatus)

Junge Schopf-Tintlinge erheben sich wie weißliche Knospen aus dem Gras. Sie sind leicht zu erkennen. Oft stehen junge weiße Schopf-Tintlinge (ohne Tinte) neben den älteren Exemplaren mit Tinte. Schopf-Tintlinge sind sehr empfindlich. Ernten Sie nur junge weiße Exemplare mit geschlossenen Kappen. Wickeln Sie sie vorsichtig in Küchenpapier, bevor Sie sie in eine Papiertüte legen. Zum Transport empfiehlt sich ein Baumwollbeutel. Achten Sie darauf, dass sie unterwegs nicht beschädigt werden. Zu Hause können die Schopf-Tintlinge direkt in die Pfanne wandern!

Achtung! Schauen Sie genau hin, ob die gesammelten Pilze Schuppen haben. Zu ihrer Verwandtschaft gehört der Falten-Tintling (*Coprinopsis atramentaria*), der ebenfalls Tinte enthält, aber keine Schuppen hat. Er ist giftig, wenn er zusammen mit Alkohol verzehrt wird.

Tinte kann sowohl aus jungen als auch aus älteren Schopf-Tintlingen gewonnen werden. Ältere Tintenpilze haben einen langen dünnen Stiel und einen mit Tinte gefüllten Hut, dessen Form an einen Lampenschirm erinnert. Bei jüngeren Tintenpilzen tritt die Tinte einige Stunden nach der Ernte aus. Man kann sie sammeln und in ein Glas geben, um dann mit einer Eintauchfeder oder einem Federkiel damit zu schreiben.

Geschmack: deutlich pilzartig.

GEBRATENE SCHOPF-TINTLINGE

Zutaten:
400 g junge Schopf-Tintlinge (mit Schuppen, ohne Tinte)
Salz und Pfeffer
Thymian
50 ml Olivenöl
½ Zitrone

Zubereitung:
Eventuelle Erdreste vorsichtig von den Pilzen entfernen. Eine weitere Reinigung ist nicht möglich, da die Pilze zu empfindlich sind. Mit Salz, Pfeffer und Thymian bestreuen. Das Olivenöl in einer Pfanne erhitzen und die Tintlinge 4 Minuten bei mittlerer Hitze braten, bis sie zart sind. Die Pilze vorsichtig aus der Pfanne nehmen und den Bratensatz mit dem Zitronensaft ablöschen.

Tipp: Dazu schmecken Bratkartoffeln oder frisches Brot und ein herbstlicher Salat (siehe S. 204).

JAPANISCHE ZIERQUITTE

(Chaenomeles japonica)

Sie ist weder eine Birne noch ein Apfel. Wir alle kennen die Japanische Zierquitte als niedrigen, stacheligen Strauch in Parks. Im Winter trägt sie wunderbar duftende rote oder weiße Blüten, und im Herbst und Winter reifen an ihr harte gelbe Früchte. Früher legte man die Früchte wegen ihres intensiven Dufts in Kleider- und Wäscheschränke. Aufgrund des hohen Pektingehalts in Kernen und Schale eignen sich Zierquitten gut für Konfitüren und andere Zubereitungen mit pektinarmen Früchten. In dem folgenden Rezept werden sie mit echten Quitten kombiniert, die zur Familie der Rosengewächse gehören.

Geschmack: fruchtig, blumig.

QUITTEN-MEMBRILLO

Quittenbrot, eine schnittfeste Fruchtpaste aus Quittenfruchtfleisch, ist in Ost- und Südeuropa sowie in Südamerika seit Jahrhunderten beliebt. In Spanien kennt man es unter dem Namen Membrillo. Der hohe Pektingehalt und das langsame Einkochen verleihen der Fruchtpaste ihre tiefrote Farbe, ihren fruchtigen Geschmack sowie ihre Festigkeit und Haltbarkeit.

Zutaten:
1 kg Quitten
5 Japanische Zierquitten
1 Zitrone
Zucker (gleiches Gewicht wie die Fruchtpaste nach dem Passieren)

Küchenutensilien:
Passiersieb
Backpapier
Metallform
sterilisiertes Behältnis

Zubereitung:
Die Quitten waschen, den Flaum von der Schale abreiben und die Früchte vierteln. Die Zierquitten waschen und halbieren. Die Zitrone waschen und in Stücke schneiden. Die Früchte in einen Topf geben, mit Wasser bedecken und kochen, bis sie weich sind. Die Mischung durch ein Sieb passieren. Das Quittenmark abwiegen und mit der gleichen Menge Zucker verrühren. Die Mischung in einen Schmortopf geben und unter häufigem Rühren bei schwacher Hitze köcheln lassen, bis das Wasser größtenteils verdampft ist und die Mischung laut brodelt. Vorsicht: Die Paste brennt leicht an, wenn die Hitze zu stark ist. Die Masse in eine mit Backpapier ausgelegte Metallform gießen und erstarren lassen. Dann mit Zucker bestreuen und in Würfel schneiden. Die Würfel in einem sterilisierten, fest verschlossenen Glas an einem kühlen, trockenen und dunklen Platz aufbewahren.

Tipp: Servieren Sie den fruchtigen Membrillo mit Esskastanienpâté (siehe S. 110) oder würzigem Käse wie Manchego. Sie können den Membrillo auch mit Senf oder Honig verrühren oder mit Walnüssen verfeinern.

ESSKASTANIE

(Castanea sativa)

Im Oktober stehen an Straßenecken in Paris, Wien und Mailand die Maroniröster hinter einem großen Fass mit glühenden Kohlen, über denen Esskastanien geröstet werden. Man isst die dampfenden Esskastanien aus einer Papiertüte. Die Römer brachten die Esskastanie oder Edelkastanie auf ihren Feldzügen mit nach Mittel- und Nordeuropa, wo sie heute in Parks und alten Klostergärten, aber auch an Wegen und in Wäldern wächst. Nicht zu verwechseln ist die Esskastanie mit der giftigen Rosskastanie, die an den weiter auseinanderliegenden Stacheln auf der grünen Schale und der fehlenden Spitze an der Frucht zu erkennen ist. Schicken Sie die Kinder los oder sammeln Sie selbst Esskastanien nach einem kräftigen Herbststurm. Die Esskastanie ist nicht nur nährstoffreich, sondern auch sehr vielseitig. Man kann damit zahlreiche herzhafte und süße Gerichte zubereiten. Die Blätter der Edelkastanie sind groß und dünn und eignen sich daher gut zum Verpacken von Obst oder Nusspasten. Junge Kastanienblätter können im Frühjahr gepflückt und beispielsweise in einem Buch getrocknet werden, damit sie sich nicht kräuseln. Dabei behalten sie ihr schönes Grün und ihren leicht süßlichen Geschmack. Die Blätter verleihen der Fruchtpaste, die man in sie einwickelt, Duft und Geschmack. Im Herbst färben sich die Blätter braun, können aber ebenfalls als Verpackung benutzt werden. Verwenden Sie einfach den Blattstiel wie einen Zahnstocher zum Zusammenstecken.

Geschmack: cremig-süß.

GERÖSTETE ESSKASTANIEN

Wichtig: Vergessen Sie nicht, die Schalen der Esskastanien kreuzweise einzuritzen. Dadurch entsteht ein »Schornstein«, durch den der Wasserdampf aus den Kastanien entweichen kann, wenn sie sich beim Erhitzen ausdehnen. Wenn Sie das nicht tun, besteht die Gefahr, dass die Kastanien wie Geschosse von der Glut fliegen. Das ist lustig anzusehen, aber es tut weh, wenn man eine Kastanie abbekommt.

Zutaten:
500 g Esskastanien

Küchenutensilien:
Grillkohle
Grillzange

Zubereitung:
Ein Feuer im Kamin entfachen oder den Grill anheizen. Notfalls kann die Grillkohle auch in einer großen Blechdose angezündet werden. Warten Sie, bis die Kohlen glühen. Die Esskastanien an der Spitze kreuzweise einschneiden und auf die glühenden Kohlen werfen. Nach einigen Minuten sind sie gar, und die Schalen platzen mit einem leichten Knall auf. Dann können Sie mit einer Zange aus der Glut genommen werden.

ESSKASTANIENPÂTÉ

Niemand würde auf die Idee kommen, dass diese Pâté vegetarisch ist!

Zutaten:
500 g Esskastanien
2 Schalotten
1 Knoblauchzehe
2 EL Olivenöl
1 Bouquet garni mit Thymian, Salbei, Lorbeerblatt
1 EL Sojasauce
1 EL Rotwein

Zubereitung:
Die Esskastanien halbieren und in einem Topf mit Wasser 15 Minuten kochen, bis sie weich sind. In der Zwischenzeit Schalotten und Knoblauch abziehen und fein hacken. Die Esskastanien abtropfen lassen und etwas abkühlen lassen, bis man sie gut anfassen kann. Das gekochte Esskastanienfleisch mit den Fingern aus den Schalenhälften drücken. Das Öl in einer schweren Pfanne erhitzen. Schalotten, Knoblauch und Kräuter unter Rühren darin bei schwacher Hitze anbraten. Mit Sojasauce und Rotwein ablöschen und einen Teil der Flüssigkeit verdampfen lassen. Das Esskastanienfleisch untermengen.
Falls nötig, etwas Flüssigkeit hinzufügen oder die Pastete weiter einkochen, bis sie die gewünschte Konsistenz hat. In eine Form füllen und zum Festwerden für 1 Stunde in den Kühlschrank stellen.

Tipp: Servieren Sie die Esskastanienpâté mit Toast, Fruchtpüree (siehe S. 72) oder Feuerdornkompott (siehe S. 201).

GEKOCHTE ESSKASTANIEN

Mein Lieblingsrezept! Die Esskastanien haben so einen schönen vollen und cremigen Geschmack – geradezu buttrig. Wer es noch cremiger mag, kann ein Stückchen Butter dazugeben und zwischen den gekochten Esskastanien schmelzen lassen.

Zutaten:
500 g Esskastanien
Butter (nach Belieben)

Zubereitung:
Die Esskastanien gründlich waschen, an den Spitzen kreuzweise einschneiden und in einem Topf mit Wasser 15 Minuten kochen, bis sie weich sind. Die Kastanien abgießen und die Kochflüssigkeit, also den Fond, auffangen. Die Esskastanien etwas abkühlen lassen, dann schälen. Die geschälten Esskastanien mit dem Kastanienfond erneut erhitzen. Nach Belieben ein Stückchen Butter hinzufügen.

HERBSTLICHES OFENGEMÜSE MIT ESSKASTANIEN UND PILZEN

Für dieses Ofengericht verwende ich Öl, das aus Raps *(Brassica rapa)* gepresst wird, einer Pflanze, die im Frühjahr die Straßenränder gelb färbt und im Sommer und Herbst köstlich würzige Samen liefert.

Zutaten:
200 g Esskastanien
400 g Süßkartoffeln
4 Möhren
2 Rüben
3 rote Zwiebeln
50 g braune Champignons (gekauft)
50 g Austernpilze
4 EL Sonnenblumenöl
4 EL Rapsöl
Pfeffer und Salz
1 Zweig Rosmarin

Zubereitung:
Den Backofen auf 190 °C vorheizen.
Die Kastanien an den Spitzen kreuzweise einschneiden und in einem Topf mit Wasser 15 Minuten kochen, bis sie weich sind. Abgießen, abkühlen lassen und schälen. Süßkartoffeln, Möhren und Rüben schälen, in gleich große Stücke schneiden und bissfest kochen.
Die Zwiebeln schälen und die Pilze putzen, dann Zwiebeln, Champignons und Austernpilze in Scheiben schneiden. Die Zwiebelringe im Sonnenblumenöl bei schwacher Hitze unter Rühren glasig dünsten. Die Pilze hinzufügen und 15 Minuten braten. Alle vorbereiteten Zutaten in eine ofenfeste Form geben und mit Wasser beträufeln. Rapsöl, Pfeffer, Salz und Rosmarin darübergeben. Auf der mittleren Schiene des Backofens 40 Minuten backen.

Tipp: Reichen Sie zu diesem herbstlichen Gemüsegericht frisches Brot.

WALDMEISTER

(Galium odoratum)

Die sternförmigen Blätter des Waldmeisters ähneln denen des Klettenlabkrauts, das zur selben Familie gehört. Die Waldmeisterblätter sind jedoch größer und fester, sodass sie nicht an der Kleidung kleben. Wenn man Waldmeister trocknet, verströmt er einen herrlich süßen Duft, der an frisches Heu, Zimt und Vanille erinnert. Traditionell verwendet man Waldmeister für die Maibowle, die mit Weißwein und manchmal frischen Erdbeeren zubereitet wird. Pflücken Sie nicht mehr als ein paar Stiele, denn Waldmeister enthält Cumarin, eine giftige Verbindung, die auch in Zimt enthalten ist.
Früher legte man Waldmeister in Strohmatratzen, denn der beruhigende Duft fördert den Schlaf. Ein Duftkissen aus Waldmeister ist leicht herzustellen. Sammeln Sie im Wald eine Handvoll Waldmeister. Dickere Stängel und trockene Blätter entfernen, dann den Waldmeister auf ein Küchengitter legen und bei Zimmertemperatur trocknen lassen. Aus dünnem Baumwollstoff kleine Beutel nähen (oder bereits vorhandene verwenden). Den getrockneten Waldmeister in die Beutel füllen, zunähen oder mit einem Knopf oder einer Schleife schließen. Die fertigen Duftsäckchen können Sie in Kopfkissenhöhe auf die Matratze legen. Waldmeistersäckchen im Kleiderschrank sind ein bewährtes Mittel gegen Motten.

Geschmack: Zimt, frisches Heu, Vanille.

WALDMEISTERTEE

Aus dem duftenden Waldmeister lässt sich ein beruhigender Tee zubereiten. Sein warmes, süßliches Aroma passt besonders gut zu verregneten Abenden. Sie können auch eine Mischung mit Schalen von Wildäpfeln, Hagebutten, Kamille und ein paar Stückchen Nelkenwurz herstellen.

KNOBLAUCHSRAUKE

(Alliaria petiolata)

Diese krautige Pflanze riecht und schmeckt nach Knoblauch, ist aber keineswegs damit verwandt. Die Knoblauchsrauke wächst oft in der Nähe von Gundermann an Straßenrändern und auf Ödland. Beide haben Blätter, die einer Malerpalette ähneln, aber bei genauerem Hinsehen erkennt man, dass das Blatt der Knoblauchsrauke dünner ist und feinere Adern hat als das ebenfalls essbare Blatt des Gundermanns. Wenn Sie sichergehen wollen, können Sie von beiden Pflanzen ein Stück Blatt abzupfen, es zwischen den Fingern zerreiben und daran riechen. Das Blatt der Knoblauchsrauke riecht intensiv nach Knoblauch, während der Geruch des Gundermanns scharf-würzig ist, etwa wie Salbei und Minze. Sowohl die Blätter und Blüten als auch die Samen der Knoblauchsrauke können in Suppen, Salaten, Senf, Pesto und vielen anderen Gerichten als Ersatz für Knoblauch verwendet werden. Die Knoblauchsrauke hat einen entscheidenden Vorteil: Sie enthält kein Allylmethylsulfid (AMS). Dieser Inhaltsstoff des Knoblauchs verursacht den unangenehmen Mundgeruch.

Geschmack: Knoblauch, Schnittlauch, Zwiebel.

HUMMUS MIT KNOBLAUCHSRAUKE

Hummus ist ein bekannter Dip der vorderasiatischen Küche, der aus Kichererbsen, Sesampaste (Tahini), Zitrone und Knoblauch zubereitet wird. Eine »wilde« einheimische Version erhält man, wenn man den Knoblauch durch Knoblauchsrauke und die Kichererbsen durch eine alte beige Bohnensorte ersetzt, beispielsweise Hetterscheidt. Verwenden Sie unbedingt Bio-Olivenöl der besten Qualität aus erster Pressung.

Zutaten:
350 g getrocknete weiße Bohnen
½ Zitrone
1 Handvoll Knoblauchsrauke
50 g Sesampaste (Tahini)
5 EL Wasser
½ TL Kreuzkümmel
natives Olivenöl extra
Meersalz

Küchenutensilien:
Mixer

Zubereitung:
Die getrockneten Bohnen über Nacht einweichen. Abgießen, in einen Topf mit frischem Wasser geben und kochen, bis sie weich sind. Die Bohnen abgießen und abspülen. Die Zitrone auspressen, dann die Blätter der Knoblauchsrauke waschen und hacken.
Alle Zutaten im Mixer oder mit dem Stabmixer zu einer glatten Masse pürieren. Meersalz, Olivenöl und Zitronensaft zum Nachwürzen separat dazu servieren.

Tipp: Dazu schmeckt geröstetes Pitabrot.

MEXIKANISCHE BOHNENSUPPE MIT KNOBLAUCHSRAUKE

Zutaten:
400 g schwarze Bohnen (Konserve oder selbst gekocht)
1 Zwiebel
800 g Spitzkohl
360 g Tofu
2 EL Sonnenblumenöl
140 g Tomatenmark
1 l Wasser
1 Limette
1 kleine Handvoll Knoblauchsrauke
4 EL saure Sahne

Mexikanische Gewürzmischung:
5 TL Paprika
4 TL Oregano
4 TL Kreuzkümmel
2 TL schwarzer Pfeffer
2 TL Chilipulver
2 TL Thymian
1 TL Zimtpulver

Zubereitung:
Die Bohnen abgießen, abspülen und abtropfen lassen. Die Zwiebel hacken, den Spitzkohl in Streifen und den Tofu in Würfel schneiden.
Die Zutaten für die Gewürzmischung vermengen und 1 Minute in einer schweren Pfanne bei schwacher Hitze unter Rühren rösten, bis die Gewürze duften.
Das Öl hinzugeben und die Zwiebel darin 4 Minuten unter Rühren glasig dünsten. Die Tofuwürfel zufügen und 5 Minuten unter Rühren braten, bis sie knusprig sind. Das Tomatenmark einrühren und 3 Minuten unter Rühren bei schwacher Hitze mitgaren. Spitzkohl, Bohnen und Wasser hinzufügen und alles bei schwacher Hitze 10 Minuten kochen, bis der Kohl weich ist.
Die Limette auspressen und den Knoblauch fein hacken. Die Suppe in Schalen füllen und mit Limettensaft, saurer Sahne und Knoblauchsrauke garnieren.

VOGELBEERE

(Sorbus aucuparia)

Die Eberesche fällt im Wald durch ihre schönen, leuchtend orangefarbenen Beerenbüschel auf. Amseln und andere Vögel sind ganz verrückt nach diesen Früchten. Das hat man sich früher zunutze gemacht, um Singvögel zu fangen, die damals noch auf der Speisekarte standen. Das erklärt den deutschen Namen, aber auch den lateinischen Namen *aucuparia*, der so viel wie Vogelfänger bedeutet. Vogelbeeren enthalten viel Vitamin C. Die unreifen rohen Beeren sind giftig, aber auch sehr bitter. Durch Trocknen oder Einfrieren verlieren die Beeren etwas von ihrem bitteren Geschmack. Sie können die Beeren pflücken und so lange draußen stehen lassen, bis sie über Nacht gefrieren. Vogelbeeren werden zu Kompott, Marmelade, Sirup, Tee und Wein verarbeitet.

Geschmack: bittersüß.

VOGELBEERKONFITÜRE

Der zartbittere Geschmack von Vogelbeeren ist nicht jedermanns Sache. Mischt man die Beeren mit süßen Äpfeln, schmeckt die Konfitüre milder.

Zutaten:
250 g Vogelbeeren
250 g Äpfel
½ Zitrone
400 g Gelierzucker

Küchenutensilien:
Sieb oder Passiermühle
sterilisiertes Glas mit Schraubdeckel (500 ml)

Zubereitung:
Die Beeren waschen und die Stiele abzupfen. Die ungeschälten Äpfel in gleichmäßige Stücke schneiden. Die Zitrone in Schnitze schneiden. Beeren und Äpfel in einen schweren Topf geben und knapp mit Wasser bedecken. Bei schwacher Hitze unter Rühren kochen, bis die Früchte weich sind. Die Fruchtmasse durch ein Sieb streichen oder durch eine Passiermühle drehen. Das Fruchtpüree mit Zitrone und Zucker verrühren und so lange köcheln lassen, bis die gewünschte Konsistenz erreicht ist.
Das Glas bis zum Rand mit der heißen Konfitüre füllen, sofort verschließen und auf den Kopf stellen, damit sich ein Vakuum bildet. Die Konfitüre hält sich an einem kühlen, dunklen Platz etwa 1 Jahr. Verwenden Sie zum Entnehmen immer einen sauberen Löffel.

Tipp: Servieren Sie die bittersüße Vogelbeerkonfitüre zu einem Dessert oder zu Blauschimmelkäse.

GÄNSEBLÜMCHEN

(Bellis perennis)

Bellis bedeutet im Lateinischen »schön« und *perennis* »mehrjährig«. Das Gänseblümchen ist also, wie sein lateinischer Name schon sagt, eine schöne kleine Blume, die mehrere Jahre lebt, weil sie kalte Winter überdauert. Blüten trägt sie von Frühjahr bis Herbst. Sie sehen hübsch aus, sind aber ziemlich bitter. Geschlossene Blütenknospen können als Kapern verwendet werden, indem man sie in Essig mit Kräutern, Senfkörnern, Zucker und Pfefferkörnern einlegt. Gänseblümchen wachsen im Gras, daher ist es wichtig, sie in einer sauberen Umgebung zu pflücken, in der keine Menschen und Hunde herumlaufen. Gänseblümchenblüten folgen der Sonne. Wenn es kalt und trüb ist oder regnet, schließt sich die Blüte und der Kopf hängt herunter. Sobald die Sonne scheint, öffnet sich die Blüte und wendet sich der Sonne zu.

Geschmack: bitter.

KÜRBISSUPPE MIT GÄNSEBLÜMCHEN

Die Blüten schließen sich nach dem Pflücken, öffnen sich aber in der warmen Suppe wieder.

Zutaten:
100 g Zwiebel
1 kg Kürbis
Wasser oder Brühe
1 EL Currypulver
4 EL Sonnenblumenöl
125 g Kokosnusscreme
Gänseblümchen
Schnittlauchröllchen

Küchenutensilien:
Mixer

Zubereitung:
Die Zwiebel hacken. Den oberen Teil des Kürbisses abschneiden, die Kerne entfernen, das Fruchtfleisch herauslösen und in gleichmäßige Stücke schneiden. Die Kürbisstücke bei schwacher Hitze in Wasser oder Brühe weich kochen. Das Currypulver in einer schweren Pfanne bei schwacher Hitze unter Rühren kurz rösten. Das Öl zugeben, dann die Zwiebel darin einige Minuten braten. Die Zwiebel-Curry-Mischung mit dem gekochten Kürbis verrühren. Die Suppe im Mixer oder mit einem Stabmixer pürieren und in Schalen füllen. Mit einem Klecks Kokosnusscreme, Schnittlauch und Gänseblümchen garnieren. Servieren Sie zur Suppe frisches Brot.

Tipp: Sie können die Suppe auch in dem ausgehöhlten Kürbis servieren oder kleine Kürbisse als Portions-Servierschalen verwenden.

WEISSDORN

(Crataegus)

Weißdorn trägt viele spitze Dornen. Darum werden die Sträucher traditionell als Hecken um Wiesen und Weiden gepflanzt, weil das dichte, dornige Geäst auch größere Weidetiere am Durchbrechen hindert. Der zweigriffelige Weißdorn *(Crataegus laevigata)* ist viel seltener als der eingriffelige. Ersterer ist daran zu erkennen, dass er weniger tief eingeschnittene Blätter hat und seine Früchte zwei Kerne enthalten. Beide Arten sind in Europa heimisch, aber man findet in der freien Natur auch Hybriden. Weißdorn wird auch oft als Zierbaum in Gärten gepflanzt, weil er im Frühjahr stark duftende Blüten trägt. Weißdornbeeren haben eine dekorative rote Farbe, aber keinen sonderlich intensiven Geschmack. Wie bei vielen Herbstfrüchten verbessert sich der Geschmack nach dem ersten Frost.

Geschmack: neutral, leicht mehlig.

DARK CHOCOLATE

SCHOKOLADE MIT WEISSDORNBEEREN UND ZITRONENSCHALE

Zutaten:
50 g Weißdornbeeren
180 g Schokolade (87% Kakao)
1 EL abgeriebene Bio-Zitronenschale
Meersalz

Küchenutensilien:
Backpapier

Zubereitung:
Die Beeren waschen, entkernen und klein schneiden. Die Schokolade in einer Schüssel über einem Topf mit kochendem Wasser schmelzen, dabei darf der Schüsselboden das Wasser nicht berühren. Beeren, Zitronenschale und Salz unter die flüssige Schokolade mischen. Die Schokolade dick auf Backpapier ausstreichen und erstarren lassen.

Tipp: Servieren Sie die Weißdornbeeren-Schokolade mit Haselnusskeksen und einem herbstlichen Tee.

MISPEL

(Mespilus germanica)

Die Römer brachten die Mispel aus der Region am Kaspischen Meer nach Südeuropa. Im Mittelalter wurde der Baum häufig in Klostergärten und später in den Gärten der Landhäuser von Adeligen und reichen Kaufleuten angepflanzt. Nach dem ersten Nachtfrost im November verwandelt sich die harte, gerbsäurereiche, herbe Frucht durch einen Gärungsprozess in eine weiche, süße Delikatesse, die am ehesten mit einer frischen Dattel verglichen werden kann. Man kann die Mispel einfach lutschen (die Kerne ausspucken!) oder daraus Creme oder Gelee herstellen. Mispeln sind selten und stehen, weil sich die Bestände verringern, auf der Vorwarnliste. Darum pflücke ich sie nur mit Erlaubnis der Grundstückseigentümer. Vergessen Sie nicht, dem großzügigen Spender ein Glas Mispelcreme als Dankeschön zu schenken!

Geschmack: mild süßlich.

MISPELCREME

Zutaten:
250 g Mispeln, nach dem ersten Frost geerntet
Saft von ½ Zitrone
Zimtpulver
Sternanis
150 g Zucker

Küchenutensilien:
Sieb oder Passiermühle

Zubereitung:
Die weichen Mispeln durch ein Sieb streichen oder durch die Passiermühle drehen. Zitronensaft, Gewürze und Zucker hinzufügen und alles in einem Topf bei schwacher Hitze langsam einkochen, bis die gewünschte Konsistenz erreicht ist.

Tipp: Die zart-süße Mispelcreme eignet sich sehr gut als Belag für einen Kuchen oder als Füllung für Torten oder Desserts.

MISPELMUFFINS

Zutaten für etwa 12 Muffins:
300 g Weizenmehl
8 g Backpulver
100 g Zucker
1 Prise Salz
75 g Butter
2 Eier
250 ml Milch
100 g Mispelcreme (siehe S. 143)

Küchenutensilien:
12er-Muffinblech

Zubereitung:
Den Backofen auf 175 °C vorheizen. Das Muffinblech einfetten und die Vertiefungen mit etwas Mehl ausstäuben.

Das Mehl mit den anderen trockenen Zutaten in einer Schüssel vermischen. Die Butter bei schwacher Hitze zerlassen und abkühlen lassen. Eier und Milch verquirlen, dann die abgekühlte flüssige Butter langsam unter Rühren hinzugeben. Die feuchte Mischung in die trockene Mischung rühren und die Mispelcreme vorsichtig unterheben. Den Teig in die Muffinförmchen füllen und auf der mittleren Schiene 25 Minuten goldbraun backen. Die Mispelmuffins abkühlen lassen und aus der Form nehmen und vollständig auskühlen lassen.

MISPELBÄLLCHEN

Zutaten:

250 g Mispelcreme (siehe S. 143)
100 g Haselnussmehl (siehe S. 89)
100 ml Honig
Saft von ½ Zitrone
Kokosraspel

Zubereitung:

Alle Zutaten außer den Kokosraspeln zu einer festen Paste verrühren. Aus der Masse kleine Kugeln formen und diese in den Kokosraspeln wälzen.

Tipp: Servieren Sie die Mispelbällchen zu einer Käseplatte oder zu Cocktails.

NELKENWURZ

(Geum urbanum)

Urbanum ist das lateinische Wort für »städtisch«. Nelkenwurz wächst fast überall: an Waldrändern, an Straßenrändern und auch zwischen Pflastersteinen mitten in der Stadt. Die Wurzel dieses (Hexen-)Krauts riecht und schmeckt sehr stark nach Nelken und Vanille. Sie eignet sich ausgezeichnet zum Aromatisieren von Glühwein oder herbstlichem Tee, kann aber auch in vielen anderen Gerichten als Ersatz für Vanille und Gewürznelken verwendet werden. Man sollte sie aber sehr sparsam dosieren, denn ihr Aroma kann sehr intensiv sein und alle anderen Geschmäcker überdecken. Für Nelkenwurzzucker können Sie die gut gereinigte Wurzel zusammen mit Zucker in ein Glas geben, etwas durchziehen lassen und dann als Ersatz für Vanillezucker für Desserts und Gebäck verwenden. Aber Vorsicht: Die Bach-Nelkenwurz steht in einigen Bundesländern unter Naturschutz. Sie unterscheidet sich durch die nickende, gelbe Blüte von der Echten Nelkenwurz, die rote Blüten trägt. Der Inhaltsstoff Eugenol wirkt antibakteriell, ist in größeren Mengen aber toxisch. Essen Sie Nelkenwurz nur in Maßen.

Geschmack: Vanille, Gewürznelke.

AUSTERNPILZ

(Pleurotus ostreatus)

Austernpilze kann man auf Kaffeesatz züchten, aber viel spannender ist es, die Pilze in der freien Natur vom Baum zu schneiden. Sie sind weißlich, grau, blaugrau oder violett und wachsen in großen oder kleinen Büscheln an Baumstämmen oder an Baumstümpfen auf dem Boden. Die meisten Austernpilze findet man im Spätherbst, weil sie etwas Kälte brauchen. Lassen Sie genügend Pilze für andere Sammler zurück! Junge Austernpilze haben einen relativ geringen Feuchtigkeitsgehalt und einen angenehmen Biss. Man kann sie sehr gut als Fleischersatz verwenden.

Geschmack: erdig, süßlich, typischer Pilzgeschmack.

AUSTERNPILZHASCHEE

Haschees wurden bereits im Mittelalter gegessen. Sie bestehen aus klein geschnittenen Bratenresten und Gemüse, das gerade im Garten verfügbar ist. Um das Fleisch zarter zu machen, werden säurehaltige Flüssigkeiten wie Wein oder Essig hinzugefügt. Haschee kommt von dem französischen Wort für hacken: *hacher*. Für dieses altmodische Gericht mit einer dicken Sauce aus Zwiebeln, Wein und reichlich Pfeffer, Nelken (oder Nelkenwurz) und Lorbeerblatt werden statt Fleisch aromatische Austernpilze verwendet.

Zutaten:

5 Zwiebeln
500 g Austernpilze
5 ganze Pfefferkörner
4 EL Sonnenblumenöl
3 EL Weizenmehl
500 ml Rotwein
getrocknete Steinpilze (siehe S. 78)
1 TL Zucker
2 getrocknete Lorbeerblätter
2 Nelken
Pilzketchup (siehe S. 166) nach Geschmack

Zubereitung:

Die Zwiebeln halbieren und in Ringe schneiden. Die Pilze in gleichmäßige Stücke schneiden. Die Pfefferkörner zerstoßen und über die Zwiebelringe und Pilze streuen. Das Öl in einer Pfanne erhitzen und die Austernpilze unter Rühren bei mittlerer Hitze 3 Minuten goldbraun braten. Die Zwiebel hinzufügen und die Mischung 5 Minuten unter Rühren bei schwacher Hitze braten. Das Mehl darüberstreuen. Wein, getrocknete Steinpilze, Zucker, Lorbeerblätter und Kräuter einrühren.

Das Haschee mit geschlossenem Deckel etwa 30 Minuten bei schwacher Hitze schmoren lassen, dabei gelegentlich umrühren. Ohne Deckel weiterkochen, bis die gewünschte Konsistenz erreicht und der Alkohol verdampft ist. Mit Pilzketchup abschmecken.

Tipp: Mit Rotkohl, Apfelmus (siehe S. 44) und Reis oder Kartoffelpüree servieren.

PILZSUPPE

Die Suppe aus verschiedenen wilden Herbstpilzen bekommt durch getrocknete Steinpilze ihr besonderes Aroma.

Zutaten:

4 Schalotten
2 Knoblauchzehen
450 g Pilze (z. B. Steinpilz, Täubling, Austernpilz)
15 g getrocknete Steinpilze (siehe S. 78)
25 g Butter
1 Zweig Thymian
Salz und Pfeffer
1¼ Liter Wasser
150 g Sahne
Zitronensaft

Küchenutensilien:

Küchenpapier
Stabmixer

Zubereitung:

Schalotten und Knoblauch hacken. Die frischen Pilze und die getrockneten Steinpilze in gleichmäßige Stücke schneiden. Die Butter in einem Schmortopf erhitzen. Schalotten und Knoblauch darin bei schwacher Hitze anbraten. Thymian, Salz und Pfeffer zugeben. Frische Pilze und getrocknete Steinpilze hinzufügen und bei mittlerer Hitze 5 Minuten braten, bis die frischen Pilze weich sind. Wasser und Sahne zugießen und die Suppe bei schwacher Hitze köcheln lassen, bis sie die gewünschte Konsistenz erreicht hat.
Den Topf vom Herd nehmen und die Suppe mit dem Stabmixer pürieren, dabei etwas Zitronensaft zugeben. Mit Salz und Pfeffer abschmecken.

Tipp: Servieren Sie die Pilzsuppe mit frischem Brot.

RIESENSCHIRMLING

(Macrolepiota procera)

Ausgewachsene Exemplare haben einen schirmförmigen Hut, dessen Durchmesser bis zu 30 cm erreichen kann. Der köstliche Herbstpilz kommt in Wäldern, an Wegrändern und in Heidelandschaften vor. Der Hut duftet und schmeckt nussig und lässt sich leicht füllen, ähnlich wie der Hut von Riesenchampignons. Aber Vorsicht: Dies ist kein Pilz für Anfänger, denn man kann ihn leicht mit giftigen Arten verwechseln. Der Riesenschirmling hat einen weißbräunlich gefärbten doppelrandigen Stielring, der auf dem Stiel verschiebbar ist. Verschiedene Arten der Gattung Lepiota sehen ihm ähnlich, haben aber keinen verschiebbaren Ring. Der kleinere, ungenießbare spitzschuppige Stachel-Schirmling *(Lepiota aspera)* ähnelt dem großen Schirmpilz und wächst an ähnlichen Standorten, riecht aber nach Gas, und die Schuppen auf dem Hut sind stärker ausgeprägt. Verwechslungsgefahr besteht auch mit dem Fleischbraunen Schirmling *(Lepiota brunneoincarnata)* und dem Fleischrosa Schirmling *(Lepiota subincarnata)* sowie dem Grünen Knollenblätterpilz *(Amanita phalloides)*. Wer auf Nummer sicher gehen will, lässt diesen Pilz immer von einem Fachmann bestimmen. Experten empfehlen, niemals einen Schirmling zu pflücken, dessen Hut im ausgewachsenen Zustand einen Durchmesser von weniger als 10 cm hat.

Geschmack: Nuss, Haselnuss.

Achtung! Verwechslungsgefahr besteht auch mit dem Kastanienbraunen Schirmling *(Lepiota castanea)*, der unangenehm riecht, einen Hutdurchmesser von 2–4 cm hat und tödlich giftig ist.

RIESENSCHIRMLING MIT KÄSEFÜLLUNG

Zutaten:
4 Riesenschirmlings-Hüte
100 g Haselnusskerne
1 Knoblauchzehe
200 g würziger Ziegenkäse, gerieben
2 EL natives Olivenöl extra
Salz und Pfeffer

Küchenutensilien:
Backpapier

Zubereitung:
Den Backofen auf 175 °C vorheizen.
Die Pilzhüte mit der gewölbten Seite nach unten auf ein mit Backpapier ausgelegtes Backblech legen. Die Haselnüsse hacken, den Knoblauch zerdrücken und mit Käse, Olivenöl sowie Salz und Pfeffer vermischen. Die Pilzhüte mit der Käsemischung füllen und mit Olivenöl beträufeln. 15 Minuten auf der mittleren Schiene des Ofens überbacken.

Tipp: Servieren Sie die gefüllten Parasolpilze als Amuse-Bouche oder Vorspeise.

WINTERPORTULAK

(Claytonia perfoliata)

Der Winterportulak, auch Postelein genannt, wächst vom Herbst bis zum zeitigen Frühjahr und ist mit seiner zarten Konsistenz und seinem milden Geschmack eine willkommene Ergänzung zu Rosenkohl, Wintermöhren und Grünkohl. Winterportulak ist reich an Mineralien und eine wichtige Vitamin-C-Quelle. Manchmal breitet er sich in Gärten stark aus und bildet einen Teppich aus zarten Blättchen. Schneiden Sie die Portulakstängel vorsichtig ab und lassen Sie das Herz der Pflanze stehen: So kann das Pflänzchen weiterwachsen, und Sie ernten saubere Blätter ohne viel Erde. Die ganze Pflanze ist essbar, nicht nur die zarten Blätter, sondern auch die Knollen und Wurzeln.

Geschmack: mild, leicht würzig.

KARTOFFELBREI MIT WINTERPORTULAK

Zutaten:
500 g Winterportulak
1 kg mehlig kochende Kartoffeln
15 g Butter
Salz und Pfeffer

Küchenutensilien:
Kartoffelstampfer

Zubereitung:
Den Winterportulak waschen. Die Kartoffeln schälen, in gleichmäßige Stücke schneiden und in einem Topf mit Wasser gar kochen. Drei Viertel der Flüssigkeit abgießen, dann die Kartoffeln stampfen. Winterportulak, Butter, Salz und Pfeffer hinzufügen und gut umrühren.

Tipp: Servieren Sie dazu Austernpilzhaschee (siehe S. 153), Apfelmus (siehe S. 44) und Piccalilly (siehe S. 53).

RIESENPORLING

(Meripilus giganteus)

Auffällig am Riesenporling, der im Spätsommer und Herbst häufig in Wäldern und Parks zu finden ist, sind die riesigen Fruchtkörper, die wie gewellte Fächerhüllen aussehen. Der Pilz wächst auf lebenden Bäumen (Parasit) und auch auf toten (Saprophyt). Wer ein Stück des zähen Pilzfleisches abreißt, riecht einen köstlichen Pilzduft: süßlich, schwer und erdig. Nicht erschrecken: Das Fleisch färbt sich bei Berührung schwarz. Der Riesenporling ähnelt dem ebenfalls essbaren Laubporling *(Grifola frondosa)*. Auch dieser wächst an Bäumen und Baumstümpfen, verfärbt sich aber nicht schwarz. Das schöne goldgelbe Fleisch des jungen Riesenporlings kann für alle Pilzrezepte verwendet werden. Die etwas älteren Exemplare haben ein festeres Fleisch, das sich am besten für Eintöpfe eignet. Man kann sie auch trocknen und zerkleinern, um sie für Brühepulver oder Würzmittel wie Pilzketchup zu verwenden. Ältere ausgewachsene Pilze sollten nicht verzehrt werden. Sie schmecken sehr bitter und sind ledrig zäh.

Geschmack: erdig, typischer Pilzgeschmack.

PILZKETCHUP MIT RIESENPORLING

Das Wort »Ketchup« ist wahrscheinlich eine englische Abwandlung von *ketsiap*, dem chinesischen Wort für Fischsauce, oder dem indonesischen *kecap*. Ketchup wurde ursprünglich aus Austern, (unreifen) Nüssen oder Pilzen hergestellt. Erst später kam die amerikanische Version mit Tomate, (viel) Zucker und Gewürzen auf den Markt. Auch Wildpilze eignen sich wegen ihres würzigen Geschmacks gut als Zutat dafür. Bei diesem Ketchup kommen alle Geschmacksrichtungen ins Spiel: süß (karamellisierte Zwiebel, Zucker), sauer (Essig), scharf (Senf, Pfeffer), herzhaft (Sojasauce, Pilze) und salzig. Der Ketchup sollte nach der Zubereitung einige Zeit ruhen, damit sich die Aromen entfalten und der Geschmack intensiver wird. Für diesen Ketchup werden junge Riesenporlinge verwendet, weil sie einen vollen, kräftigen Pilzgeruch und -geschmack haben, aber auch andere Pilze wie Steinpilze oder Austernpilze eignen sich gut dafür. Weinessig und Alkohol dienen der Konservierung und dem Geschmack des Ketchups. Sie können ruhig auch experimentieren und einzelne Zutaten nach Belieben austauschen.

Zutaten für ca. 350 ml:
2 rote Zwiebeln
2 Knoblauchzehen
250 g junger Riesenporling
3 EL Olivenöl
Pfeffer: Piment, schwarzer Pfeffer oder Chili
Gewürze nach Wahl: Muskatnuss, Wacholder, Thymian, Salbei
2 EL brauner Zucker
1 EL Senf
3 EL Rotweinessig oder roter Portwein
1 EL Sojasauce

Küchenutensilien:
Mixer
sterilisierte Flasche oder Glas (ca. 350 ml)

Zubereitung:
Die Zwiebeln und den Knoblauch fein hacken. Den Riesenporling mit Küchenpapier säubern und gleichmäßig klein schneiden.
Das Öl in einem Schmortopf erhitzen und die Zwiebeln darin bei geringer Hitze 10 Minuten braten, bis sie weich und süß sind und eine schöne Karamellfarbe haben. Knoblauch und Pilze hinzufügen und 3 Minuten mitbraten. Pfeffer, Gewürze, Zucker und Senf zugeben. Alles gut vermischen, mit einem sauberen Löffel abschmecken und gegebenenfalls nachwürzen. Essig oder Portwein und Sojasauce unterrühren.
Die Mischung in einen Mixer geben und glatt pürieren. Wieder in den Topf geben und bei schwacher Hitze köcheln lassen, bis die gewünschte Konsistenz erreicht ist. Den Ketchup in eine sterilisierte Flasche (oder in ein Glas) füllen und den Deckel zuschrauben. Abkühlen lassen. Der Ketchup kann an einem kühlen, dunklen Platz etwa sechs Monate gelagert werden. Nach dem Öffnen in den Kühlschrank stellen und immer mit einem sauberen Löffel entnehmen.

Tipp: Sie können den Ketchup anstelle von Worcestersauce als Würzmittel in Suppen, Saucen oder Schmorgerichten verwenden.

FRAUENTÄUBLING

(Russula cyanoxantha)

Täublinge zeichnen sich durch ihre Hüte in wunderschönen Farben aus: von leuchtendem Rosa und Pastellgelb bis hin zu Violett, Flieder und Perlmutt. Die Wahrscheinlichkeit ist groß, dass man bei einem Waldspaziergang auf eine der 750 Täublingsarten stößt. Einige Arten sind selten oder bedroht, andere sind leicht giftig und wieder andere schmecken einfach nur schlecht, ohne giftig zu sein. Gehen Sie also kein Risiko ein und machen Sie sich auf die Suche nach dem schmackhaften und verbreiteten Violettgrünen Frauentäubling (auch Blautäubling genannt) mit seiner schönen perlgrauen Kappe. Den brüchigen Pilz sehr vorsichtig pflücken, in Küchenpapier wickeln und in einen Baumwollbeutel geben. Zu Hause sofort verarbeiten. Als Anfänger sollte man Täublinge immer von einem Fachmann begutachten lassen, Verwechslungen mit Giftpilzen sind leider möglich.

Geschmack: mild.

Achtung! Der kirschrote Speitäubling *(Russula emetica)* mit seinem knallroten Hut und der zitronenblättrige Täubling *(Russula sardonia)* sind giftig. Beide Pilze haben einen scharfen, brennenden Geschmack und verursachen, wenn man mit einem winzigen Stück über die Lippe streicht, ein kribbelndes Gefühl. Nicht essen, die Pilze sind höllisch scharf und giftig. Der Lippentest ermöglicht eine klare Unterscheidung.

QUICHE MIT FRAUENTÄUBLING

Zutaten:

Teig:
200 g Weizenmehl
100 g Butter
1 Ei

Belag:
5 Schalotten
2 Knoblauchzehen
2 EL Sonnenblumenöl
1 EL Thymian

250 g Frauentäublinge
4 Eier
125 g Sahne
Salz und Pfeffer

Küchenutensilien:
Quicheform mit losem Boden
(Ø 28 cm)
Backpapier

Zubereitung:
Den Backofen auf 180 °C vorheizen.
Aus Mehl, Butter und Ei einen Mürbeteig herstellen und 1 Stunde im Kühlschrank ruhen lassen.
Den Teig auf einer bemehlten Arbeitsfläche etwas größer als die Quicheform ausrollen. Die Form mit Backpapier auslegen, den Teig in die Form geben und fest an Boden und Wand drücken. Schalotten und Knoblauch fein hacken. Die Pilze müssen nicht gehackt werden, sie zerfallen von selbst.
Das Öl in einer Pfanne erhitzen und Schalotte und Knoblauch darin mit dem Thymian anbraten. Die Pilze zugeben und 1 Minute mitbraten. Vom Herd nehmen.
Eier und Sahne verquirlen, mit Salz und Pfeffer abschmecken und die Pilz-Zwiebel-Mischung einrühren.
Den Belag auf dem Teig verteilen. Die Quiche in der Mitte des Ofens etwa 45 Minuten backen, bis sie goldbraun und gar ist. Vor dem Aufschneiden 10 Minuten auf einem Küchengitter abkühlen lassen.

SPARRIGER SCHÜPPLING

(Pholiota squarrosa)

Der sparrige Schüppling macht seinem Namen alle Ehre, denn er trägt auf dem Hut viele kleine braune Schuppen. Er wächst in größeren Gruppen am Stammfuß toter oder lebender Bäume in Wäldern, Parks und öffentlichen Gärten – und leider auch in Obstbaumplantagen. Dieser parasitische Pilz, der leicht nach Rettich riecht, wächst von September bis zum ersten Frost im November und ernährt sich vom Holz des Wirts.
Der sparrige Schüppling ähnelt dem Hallimasch (*Armillaria ostoyae*), der zur gleichen Jahreszeit an ähnlichen Standorten vorkommt und nach dem Erhitzen essbar ist.

Geschmack: mild.

Achtung! Der sparrige Schüppling wird auch heute noch von erfahrenen Pilzsuchern gesammelt. Jedoch wird er von Experten inzwischen als giftig eingestuft. Die enthaltenen Sesquiterpene können zwar durch Erhitzen neutralisiert werden, allerdings können sie bei empfindlichen Menschen trotzdem zu Magen-Darm-Beschwerden führen. In Verbindung mit Alkohol verzehrt, kann es zu lebensgefährlichen Symptomen kommen. Zudem gibt es eine Vielzahl an giftigen Pilzen, mit dem der sparrige Schüppling verwechselt werden kann. **Wir empfehlen daher, den Pilz nicht zu verzehren.**

SCHÜPPLINGS-KOHLROULADEN

Wer Erfahrung dem Sparrigen Schüppling hat, kann ihn verwenden, alternativ eignet sich auch der Gemeine Samtfußrübling als Füllung für die Kohlrouladen. Zusammengebunden werden diese Kohlrouladen mit Binsen, die überall am Wasser wachsen.

Zutaten:

1 Kohlkopf: Spitzkohl, Weißkohl, Wirsing oder die äußeren Blätter von Blumenkohl
1 Zwiebel
1 Knoblauchzehe
6 EL Olivenöl
400 g Sparriger Schüppling, nur für erfahrene Pilzsammler!
Pfeffer und Salz
70 g Tomatenmark
Thymian, Rosmarin und Oregano
Binsen

Zubereitung:

8 Blätter vom Kohl ablösen und die dicken Adern flacher schneiden. Die Kohlblätter blanchieren und mit kaltem Wasser abspülen. Die Zwiebel hacken und den Knoblauch zerdrücken. 4 Esslöffel Öl in einer Pfanne erhitzen. Die Pilze hineingeben, salzen und pfeffern und 5 Minuten braten. Die Pilze auf den Kohlblättern verteilen, dann die Kohlblätter aufrollen. Die Rollen mit Binsen zusammenbinden und in den restlichen 2 Esslöffeln Olivenöl braun und knusprig braten.

Tipp: Servieren Sie die Pilz-Kohlrouladen mit Nudeln oder Reis, Parmesan und Oliven.

SCHLEHE

(Prunus spinosa)

Schlehen sind eng mit Pflaumen und Zwetschgen verwandt, enthalten aber viel Gerbsäure und schmecken darum sehr herb. Erst nach den ersten Nachtfrösten platzt ihre Haut auf und die Gerbsäure wird durch den Einfluss der Kälte abgebaut. Dann bekommen sie einen angenehmen, herbfruchtigen Geschmack. Noch aromatischer werden die Früchte, wenn man sie trocknet – oder wenn sie natürlich am Strauch trocknen. Man kann die kleinen, verschrumpelten Früchte noch bis in den Spätwinter hinein ernten. Wer sie schon im Herbst pflücken möchte, sollte sie eine Weile auf dem Gartentisch liegen lassen, damit der Frost in kalten Nächten seine Arbeit tun kann.
Die Schlehe ist in Europa heimisch, und zwar seit vielen Jahrtausenden: Die Eismumie Ötzi aus der Jungsteinzeit trug Schlehenfrüchte bei sich. Der Strauch, der auch Schwarzdorn genannt wird, wächst an Straßenrändern und in Parks und bietet wegen seiner langen, spitzen Dornen Vögeln und Insekten sichere Unterschlupf- und Nistplätze. Auch um Naturschutzgebiete werden gelegentlich Schlehenhecken gepflanzt, um sie vor Beweidung zu schützen.

Geschmack: sauer, säuerlich bis süßlich-aromatisch.

GREENALL'S
The Original
GREENALL'S
The Original
LONDON DRY GIN
HANDCRAFTED BY ENGLAND'S OLDEST GIN DISTILLERS SINCE
1761
GREENALL'S
PRODUCT OF
GREAT BRITAIN
37.5%Vol
35cl

AUFGESETZTER AUS SCHLEHEN

Wenn Schlehen durch den Frost süß geworden sind, können sie zu Fruchtpüree und Fruchtsaft verarbeitet werden. Man kann aus ihnen auch aufgesetzten Likör zubereiten oder klaren Schnaps (ähnlich wie Slibowitz) destillieren. Dieser Likör wird traditionell mit reifen Schlehen, klarem Schnaps, Zucker und Gewürzen »aufgesetzt« und muss dann eine Weile ruhen. Während dieser Zeit entzieht der hochprozentige Alkohol den Schlehen ihr Aroma. Als Basis kann Genever oder Gin, Doppelkorn oder Wodka verwendet werden. Die Schlehen verleihen dem Likör einen köstlich fruchtigen Geschmack und eine dunkel burgunderrote Farbe.

Zutaten:

1 l klarer Schnaps (z. B. Gin)
3 Handvoll Schlehen
100 g Zucker
1 Zimtstange
1 Vanilleschote
1 Gewürznelke oder 1 kleines Stück Nelkenwurz

Küchenutensilien:

sterilisierte Flasche

Zubereitung:

Die Hälfte des Alkohols in die sterilisierte Flasche gießen. Alle anderen Zutaten hinzufügen und mit dem restlichen Schnaps auffüllen. Die Flasche verschließen und gut schütteln. Den Likör an einem kühlen, dunklen Ort mindestens 3 Monate ziehen lassen – je länger er zieht, desto besser wird sein Geschmack. Schütteln Sie die Flasche regelmäßig, damit sich die Aromen gut vermischen, und probieren Sie nach ein paar Monaten, wie sich der Geschmack entwickelt. Den Likör vor Gebrauch durch ein feines Sieb gießen und in hübschen Longdrinkgläsern mit Eiswürfeln servieren.

KRAUSE GLUCKE

(Sparassis crispa)

Wer einen Waldspaziergang in einem grünen Kiefernwald macht, sieht diesen großen Pilz oft schon von Weitem. Er sieht aus wie ein großer Naturschwamm oder ein großer gelber Blumenkohl. Die Krause Glucke lebt parasitisch an der Basis von Nadelbäumen, bevorzugt an Kiefern wie der Douglasie, manchmal aber auch an Fichten. Sorgfalt beim Ernten ist wichtig, damit kein Sand in die Poren gelangt. Die Krause Glucke ist schön fest, hat einen guten Biss und kann wie Hackfleisch gebraten werden.

Geschmack: würzig, nussig.

Achtung! Vor der Zubereitung muss der Stielansatz gründlich entfernt werden, da dieser zu Magen-Darm-Beschwerden und Erbrechen führen kann.

GESCHNETZELTES AUS KRAUSER GLUCKE

Eine selbst gemachte Gewürzmischung gibt diesem Gericht ihr tolles Aroma.

Zutaten:
400 g Krause Glucke
4 EL Sonnenblumenöl

Gewürzmischung:
1 TL geriebene Muskatnuss
1 TL Paprikapulver
1 TL Kreuzkümmelpulver
1 TL Korianderpulver
1 TL Kümmelpulver
½ TL Nelkenpulver
½ TL schwarzer Pfeffer
1 Prise Salz (nach Belieben, evtl. nicht nötig)

Zubereitung:
Die Krause Glucke putzen, dabei den ungenießbaren Strunk sorgfältig herausschneiden und wegwerfen. Das Pilzfleisch in Stücke schneiden. Die Zutaten für die Gewürzmischung vermengen und zu den Pilzen geben.
Das Öl in einer schweren Pfanne erhitzen und die Pilze darin 2 Minuten unter Rühren bei mittlerer Hitze braten, bis sie locker und gar sind. Aus der Pfanne nehmen und warm halten.
Etwas Wasser in die Pfanne gießen und den Bratensatz unter ständigem Rühren loskochen. Die Flüssigkeit einige Minuten einkochen lassen. Dann die Sauce über das »Geschnetzelte« gießen.

Tipp: Servieren Sie dazu selbst gemachte Pommes frites, vegane Mayonnaise, Sambal Oelek und ein Bier.

ZUNDERSCHWAMM

(Fomes fomentarius)

Den Zunderschwamm könnte man als Streichholzschachtel der Urmenschen bezeichnen. In der Frühzeit der Menschheitsgeschichte schlug man mit Feuersteinen Funken, um damit Zunder (trockene Pflanzenteile) in Brand zu setzen. Verwendet wurden der Flaum von Disteln oder Rohrkolben, Birkenrinde und dieser Pilz. Auch in der Nähe von Ötzi, der 5300 Jahre alten Eismumie aus den Ötztaler Alpen, fand man Stücke von Zunderschwamm.

Zunderschwämme fallen bei einem Waldspaziergang ins Auge. Sie wachsen auf geschwächten oder abgestorbenen Birken, Buchen und Pappeln als große steinartige horizontale bräunlich-schwarze Schuppen. Eine Reihe junger Zunderschwämme an einem Baum sieht aus wie eine Kletterwand. Wenn der Pilz älter wird, ähnelt er manchmal einem an einen Baumstamm genagelten Hocker.

Die filzartige Innenschicht des Zunderschwamms wurde von den Urmenschen auch als Ersatz für Leder zur Herstellung von Taschen, Hüten, Helmen und zur Bespannung von Schilden verwendet. Seinen Namen trägt der Pilz wegen seiner Hauptverwendung als Brennmaterial.

ZUNDERBÜCHSE

Eine Zunderbüchse ist ein Behälter, der leicht entzündliches Pflanzenmaterial (Zunder), einen Feuerstein und ein Stück Eisen oder eisenhaltiges Gestein enthält. Mit dem Eisen wird von oben nach unten über den Feuerstein gestrichen, bis Funken entstehen, die den Zunder in Brand setzen. Über so einem Feuer kann man Esskastanien oder Bucheckern rösten oder Pilze braten. Hinweis: Kocht man den Zunderschwamm (wie unten beschrieben) in Asche oder Urin, entzündet er sich schneller und stärker.

Sie brauchen:

jungen Zunderschwamm (vorsichtig vom Baum geschnitten)
Wasser
Asche oder Urin
Hammer
Feuerstein und Feuerstahl oder Feuerstarter (online erhältlich)

Zunderschwamm vorbereiten: Den jungen Zunderschwamm in Wasser einweichen. Die harte äußere Schicht und die senkrechten Röhren im Inneren des Pilzes entfernen. Die waagerechte, filzige Innenschicht aus der Mitte des Pilzes in schmale Streifen schneiden und in einer Mischung aus Asche und Wasser (halb und halb) oder Urin kochen. Abtropfen lassen. Den Zunder trocknen und mit einem Hammer flach klopfen.

Feuermaterial aufschichten: Für die untere Schicht trockenes, flauschiges Pflanzenmaterial verwenden (z. B. Flaum von Weidenröschen, Disteln oder Löwenzahn). Darauf trockenes Pflanzenmaterial verteilen (z. B. Moos, Blätter, Birkenrinde, Schilf, Kiefernzapfen, Kiefernzweige, Majoranzweige). Nun mit Feuerstein und Metall oder dem Feuerstarter Funken direkt über dem Zunder schlagen, sodass diese auf das trockene Pflanzenmaterial überspringen und es in Brand setzen. Weiteres Pflanzenmaterial hinzufügen und das Feuer langsam schüren. Vorsichtig in die Glut blasen, aber das kleine Feuer vor zu starkem Wind schützen.

WIESEN-SCHAUMKRAUT

(Cardamine)

Das Wiesen-Schaumkraut ist ein köstliches Kraut, das das ganze Jahr über an vielen Orten geerntet werden kann. Es gehört zur Familie der Kreuzblütler *(Brassicaceae)* und schmeckt ähnlich würzig wie Gartenkresse. Der botanische Name *Cardamine* bezieht sich auf das altgriechische *kardaminê* und das lateinische *cardamina* und leitet sich auch von *cardamon* ab, einem Wort, das für ein persisches oder indisches Kraut verwendet wird. Es handelt sich um eine Gattung mit mehr als 150 Arten, die auf der ganzen Welt mit Ausnahme der Antarktis vorkommen. Bekannte Arten sind das Wiesen-Schaumkraut *(Cardamine pratensis)*, das Behaarte Schaumkraut *(Cardamine hirsuta)* und das Wald-Schaumkraut *(Cardamine flexuosa)*. Das Wiesen-Schaumkraut wächst überall, auch zwischen Pflastersteinen. Dort sollten Sie aber nur an einer sauberen Stelle pflücken. Die hygienischste Lösung ist, es in einem Topf auf der Terrasse oder dem Balkon zu ziehen. Es eignet sich gut zum Garnieren, schmeckt aber auch hervorragend in Kräuterbutter oder Kräuterfrischkäse.

Geschmack: pfeffrig, würzig, Kresse.

VEGABURGER MIT WIESEN-SCHAUMKRAUT

Bei diesem Bohnen-Burger sorgt die Süßkartoffel dafür, dass die Zutaten gut zusammenhalten. Außerdem steuert sie Geschmack bei. Die schwarzen Bohnen enthalten viele gesunde Stoffe wie Eiweiß, Eisen, Folsäure und Ballaststoffe. Garniert werden die Burger mit Gewürzgurken, Oliven, selbst gemachtem Piccalilly und Wiesen-Schaumkraut.

Zutaten:
300 g Süßkartoffel
2 Zwiebeln
1 Knoblauchzehe
½–1 rote Paprikaschote
300 g gekochte schwarze Bohnen
je 1 TL Paprikapulver, Korianderpulver, Kreuzkümmelpulver
Saft von ½ Limette
Weizenmehl
Sonnenblumenöl

Zum Garnieren:
Gewürzgurken
Piccalilly (siehe S. 53)
Wiesen-Schaumkraut
Senf
Oliven

Küchenutensilien:
Alufolie
Mixer oder Kartoffelstampfer

Zubereitung:
Den Backofen auf 180 °C vorheizen. Die Süßkartoffel mit einer Gabel einstechen, in Alufolie wickeln und 30 Minuten im Ofen garen. Abkühlen lassen. Inzwischen Zwiebeln, Knoblauch und Paprikaschote hacken. Die Süßkartoffel schälen und das Fruchtfleisch mit einer Gabel zerdrücken. Alle Zutaten für den Burger – außer Mehl und Öl – in einem Mixer pürieren oder mit einem Kartoffelstampfer zerdrücken. Abschmecken. Falls die Masse klebt, etwas Weizenmehl einarbeiten. Burger formen und 15 Minuten im Kühlschrank ruhen lassen. Dann in einer Pfanne mit etwas Öl von jeder Seite 5 Minuten goldbraun und knusprig braten.

Tipp: Servieren Sie die Burger zu Burgerbrötchen. Stellen Sie die Beilagen separat in Schälchen bereit, damit alle sich die Burger selbst zusammenstellen können.

HOLUNDER

(Sambucus nigra)

Holunder wurde früher oft in der Nähe von Häusern gepflanzt, um böse Geister zu vertreiben, aber er wächst auch in Wäldern, Parks und an Straßenrändern. Im Frühjahr können die jungen Triebe und die großen Blütenstände zu Sirup und Tee verarbeitet werden. Im Spätsommer kann man die herb-süßlichen Beeren ernten, die reich an Vitamin C sind. Roh sind sie unverträglich, denn sie enthalten Sambunigrin, das aber durch Kochen neutralisiert werden kann.

Die Beeren des Geschlitztblättrigen Holunders *(Sambucus nigra* var. *laciniata)* sind ebenfalls essbar. Diese Sorte ist an ihren tief eingeschnittenen Blättern zu erkennen, die an Petersilie erinnern.

Geschmack: herb-süß.

BIRNEN MIT HOLUNDERBEERSAUCE

Die dunkelroten Holunderbeeren und der Rotwein verleihen den hellen Birnen eine prächtige Farbe.

Zutaten:
1 kg Kochbirnen
1 großes Stück Schale von 1 Bio-Zitrone
750 ml Rotwein
1 Strauß Holunderbeeren
125 g Zucker
1 Zimtstange
2 Nelken oder 1 kleines Stück Nelkenwurz
Apfelschalen

Zubereitung:
Die Birnen schälen, aber den Stiel intakt lassen.
Alle Zutaten in einen Topf geben und zugedeckt bei schwacher Hitze 30 Minuten köcheln lassen. 10 Minuten vor Ende der Kochzeit Birnen und Gewürze herausnehmen und die Sauce ohne Deckel auf die gewünschte Konsistenz einkochen.

Tipp: Servieren Sie die Birnen als Dessert mit Vanilleeis oder als warme Beilage zu herbstlichen Gerichten wie Austernpilzhaschee (siehe S. 153).

FEUERDORN

(Pyracantha)

Der Feuerdorn ist ein beliebter Zierstrauch für den Garten, denn er schmückt sich im Frühjahr mit vielen weißen, duftenden Blüten und trägt im Herbst zahllose Beeren in Gelb, Rot oder Orange. Wegen seiner Dornen ist er auch als schützende Hecke sehr beliebt. Vögel fressen die Beeren und nutzen den Strauch im Frühjahr als sicheren Nistplatz. Nach dem ersten Frost im November sind die Beeren süßer. Die Beeren sind roh nicht genießbar. Der Feuerdorn ist keine Wildpflanze, aber oft hängen die Äste über dem Bürgersteig und man kann einige Beeren pflücken. Besser ist es aber, im eigenen Garten oder bei einem freundlichen Nachbarn zu ernten.

Geschmack: süß-säuerlich, Apfel.

FEUERDORNKOMPOTT

Um die schöne Farbe der Beeren zu erhalten und den säuerlichen Geschmack zu verstärken, werden Mandarinen in das Kompott gegeben.

Zutaten:
500 g Feuerdornbeeren
4 Mandarinen
75 g Zucker
1 EL flüssiger Honig

Küchenutensilien:
Sieb oder Passiermühle

Zubereitung:
Die Beeren waschen und von den Stielen lösen, die Mandarinen in Stücke schneiden.
Feuerdornbeeren und Mandarinen in einen Topf geben und so viel Wasser hinzufügen, dass sie gerade bedeckt sind. Beeren und Mandarinen 15 Minuten weich kochen, dann durch ein Sieb streichen oder durch die Passiermühle drehen. Das Püree wieder in den Topf geben. Zucker und Honig unterrühren und ohne Deckel leicht köcheln lassen, bis das Kompott die gewünschte Konsistenz hat. Abschmecken und bei Bedarf etwas mehr Honig hinzufügen.

Tipp: Servieren Sie das Kompott warm oder kalt zu Esskastanienpâté (siehe S. 110), zu gereiftem Käse oder als Dessert.

WALNUSS

(Juglans regia)

Walnussbäume werden häufig in Parks oder Gärten gepflanzt. Sammeln Sie die Nüsse im Oktober, wenn sie unter dem Baum liegen. Die äußeren Schalen enthalten einen schwarzen Farbstoff, mit dem man schreiben und sich die Haare färben kann. Die äußeren Schalen müssen entfernt werden, um die Walnüsse anschließend zu trocknen. Lagert man die getrockneten Walnüsse in ihrer braunen Schale an einem kühlen, dunklen Ort, sind sie mindestens ein Jahr haltbar. Walnüsse enthalten viele gesunde Nährstoffe, darunter Phosphor, Magnesium, Zink, Eisen und Kalium sowie die Vitamine B1, E und Folsäure. Sie haben einen köstlich cremigen, intensiv nussigen Geschmack. Erhitzen Sie Walnusskerne in Sonnenblumenöl, um dem Öl ein feines Walnussaroma zu verleihen, mischen Sie sie mit Honig oder Zucker oder essen Sie sie direkt aus der Schale. Geröstete Walnüsse werten viele Rezepte auf. Übrigens haben auch die Blätter des Walnussbaums einen herrlichen Duft. Sie können als Unterlage oder Verpackung für kleine Speisen verwendet werden.

Geschmack: cremig, bittersüß.

HERBSTSALAT MIT WALNÜSSEN

In diesem Salat kommen viele (wilde) herbstliche Aromen zusammen, bis hin zum hausgemachten Dressing. Rote-Bete-Sprossen können Sie selbst auf der Fensterbank ziehen: einfach eine Knolle in ein Glas Wasser hängen, und sie wird bald feine Wurzeln und junge Blätter bilden.

Zutaten:
200 g getrocknete braune Linsen
3 Chicoréeköpfe
4 Schalotten
2 Knoblauchzehen
200 g (wilde) Pilze (z. B. Steinpilz, Austernpilz, Frauentäubling)
2 EL Sonnenblumenöl

Dressing:
8 EL Walnussöl (siehe S. 203)
2 EL Hagebuttenessig (siehe S. 95)
1 EL Quittensenf (siehe S. 105)

Zum Garnieren:
200 g ungeröstete Walnüsse
2 reife Birnen
200 g würziger Blauschimmelkäse
Rucola oder Wilde Rauke
Rote-Bete-Sprossen

Zubereitung:
Die Linsen in 20 Minuten weich kochen. 10 schöne Blätter von den Chicoréeköpfen ablösen. Schalotten und Knoblauch fein hacken. Die Pilze putzen und in gleich große Stücke schneiden. Das Öl in einer Pfanne erhitzen und die Pilze darin anbraten. Schalotte und Knoblauch dazugeben und 3 Minuten glasig dünsten. Zwischendurch regelmäßig umrühren. Die abgelösten Chicoréeblätter mit der Pilzmischung füllen. Die Zutaten für das Dressing in ein sauberes Schraubglas geben und gut schütteln. Über den gefüllten Chicoréeblättern verteilen. Die Walnüsse in einer Pfanne ohne Öl 3 Minuten rösten. Die Birnen in kleine gleichmäßige Würfel schneiden und den Blauschimmelkäse zerbröseln.
Die gefüllten Salatblätter mit den gerösteten Walnüssen, den Birnenstücken und dem Blauschimmelkäse bestreuen und mit Rauke und Rote-Bete-Sprossen garnieren.

Tipp: Servieren Sie den Salat mit gebackenen oder gekochten Kartoffeln.

WILDE MÖHRE

(Daucus carota)

Die Wilde Möhre fällt im Spätsommer an Wegrändern und in Gebüschen durch ihre Blüten auf, die eine entfernte Ähnlichkeit mit geschlossenen Vogelnestern haben. Die Samen in den »Nestern« bleiben in Tierfellen hängen und werden auf diese Weise verbreitet. Wenn Sie die Blüten oder Samen kurz zwischen den Fingern zerreiben, nehmen Sie einen deutlichen Möhrenduft wahr. Möhren waren ursprünglich weiß. Sie stammen aus dem Nahen Osten und wurden im 17. Jahrhundert von der Niederländischen Ostindien-Kompanie aus dem Iran nach Europa verschifft. Die orangefarbene Möhre, die wir heute kennen, ist das Ergebnis einer Kreuzung.

Geschmack: würzig-süß.

KLARE WURZELBRÜHE

Wilde Möhren lassen sich leicht aus dem Boden ziehen. Man braucht keine Schaufel, um sie zu lockern. Es hat allerdings wenig Sinn, die schlanken weißen Wurzeln zu schälen – dafür sind sie zu dünn. Nicht nur aus den unterirdischen Teilen, sondern auch aus den Blättern, Blüten und Samen kann man eine Brühe herstellen, die herrlich duftet und eine zarte Orangefärbung hat.

Zutaten:
400 g Wilde Möhren
Schnittlauchröllchen

Küchenutensilien:
Käseleinen (Seihtuch)

Zubereitung:
Die Möhren mit einer Bürste gut reinigen und in einem Topf mit Wasser weich kochen. In der Zwischenzeit den Schnittlauch hacken. Den Möhrensud durch das Käseleinen abseihen und den gehackten Schnittlauch unterrühren.

Tipp: Servieren Sie die Möhrenbrühe als gesunden, duftenden Aperitif vor dem Abendessen.

WILDE RAUKE

(Diplotaxis tenuifolia)

Wilde Rauke ist buchstäblich überall zu finden: auf Sandböden in Meeresnähe, in Gärten und in Städten. Die wilde Verwandte der Rucola ist leicht an ihren gelben Blüten und den charakteristischen Blättern mit den gezackten Rändern zu erkennen, die man von gekauftem Rucola kennt. Die Identifizierung ist sehr einfach: Reiben Sie das Blatt zwischen den Fingern und Sie werden einen deutlichen Rucoladuft wahrnehmen. Pflücken Sie sie in einer sauberen Umgebung oder nehmen Sie einen Steckling für einen Balkongarten. Die Wilde Rauke ist eine schmackhafte, pikante Zutat für viele Gerichte, und sie liefert außerdem wertvolles Eisen und Vitamin C. In Südeuropa wird sie seit der Römerzeit in Salaten, gekocht als Gemüse oder gebacken auf Pizzen verzehrt.

Geschmack: würzig, scharf, nussig.

RAUKEBUTTER ODER RAUKEÖL

Bei diesen beiden Zubereitungen bildet das Fett – Butter oder Öl – den Träger für den pikanten Geschmack der Rauke. Salz und Pfeffer sind nicht erforderlich.

Zutaten:
2 EL frische Raukeblätter (oder Blüten und Samen)
½ Bio-Zitrone
50 g Butter oder 50 ml natives Olivenöl extra

Zubereitung:
Die Rauke waschen und die Blätter fein hacken. Die Schale von der Zitrone abreiben. Die Butter (falls verwendet) cremig rühren. Die fein gehackte Rauke und die Zitronenschale mit der Butter oder dem Olivenöl verrühren.

Tipp: Servieren Sie die Raukebutter oder das Raukeöl zu gegrilltem Herbstgemüse und frischem Baguette.

GIERSCH

(Aegopodium podagraria)

If you can't beat it, eat it! (»Wenn du ihn nicht besiegen kannst, iss ihn«) Der Giersch ist bei Gärtnern keineswegs beliebt. Er bildet ein weitläufiges System aus relativ brüchigen Wurzeln, und aus jedem kleinen abgebrochenen Stück, das nach dem Jäten übrig bleibt, treibt im Handumdrehen eine neue Pflanze aus. Andererseits ist der Giersch sehr gesund, denn er ist reich an Vitamin C, Karotin, Kalium, Kalzium und Magnesium. Seit Jahrhunderten wird er als »Spinat der armen Leute« gegessen und auch in der Naturheilkunde verwendet. Die mittelalterliche Äbtissin Hildegard von Bingen (1098-1179) beschrieb den Giersch als lebensspendende Pflanze und als Heilmittel für Magenbeschwerden und Gicht. Giersch kann fast ganzjährig an vielen Orten geerntet werden und hat einen angenehm würzigen Geschmack, der an Petersilie erinnert.

Geschmack: würzig, süß, Sellerie, Petersilie.

GIERSCHBRÜHE

Einfach einen Topf mit allerlei Gemüse der Saison auf den Herd stellen, eine große Portion Giersch hinzufügen, alles mit Wasser auffüllen und auf kleiner Flamme köcheln lassen: Fertig ist eine würzige Brühe, die für Suppen, Saucen und Ragouts verwendet werden kann.

Zutaten für ca. 500 ml:
2 EL Sonnenblumenöl
Gemüsereste (z. B. Lauch, Zwiebeln, Karotten, Sellerie, Rote Bete und Pilzstiele)
Kräuter: Giersch, Lorbeerblatt, Thymian, Wacholderbeeren, Nelken, Rosmarin
1 TL Pfeffer aus der Pfeffermühle
1 TL Meersalz

Küchenutensilien:
feines Sieb
Käseleinen (Seihtuch)

Zubereitung:
Das Öl in einem Suppentopf erhitzen und Gemüse- und Pilzstücke, Kräuter, Pfeffer und Meersalz unter Rühren 5 Minuten bei mittlerer Hitze anbraten. So viel Wasser zugeben, dass alle Zutaten gut bedeckt sind. Die Brühe bei geschlossenem Deckel 1 Stunde auf kleiner Stufe köcheln lassen.
Die Brühe zuerst durch ein feines Sieb gießen, dann durch das Käseleinen abseihen. Die Zutaten gut ausdrücken und abtropfen lassen. Die Brühe in den ausgespülten Topf geben und ohne Deckel einkochen, damit sie konzentrierter wird.

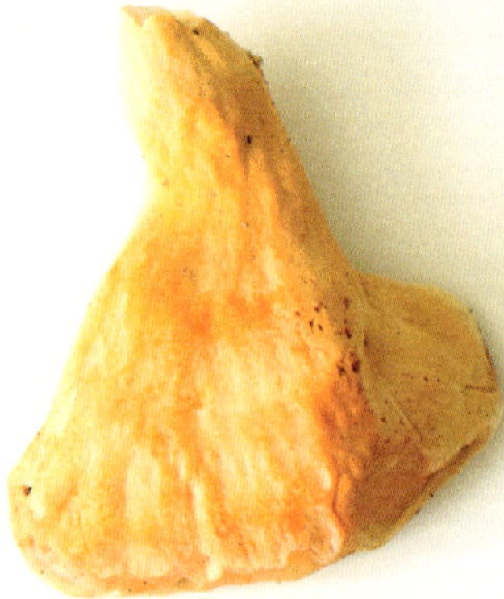

SCHWEFELPORLING

(Laetiporus)

Der Schwefelporling wächst im Sommer und Frühherbst. Seine Fruchtkörper erscheinen wie gelbe oder orangefarbene große Schuppen an Baumstämmen und können ein Gesamtgewicht von bis zu 10 Kilogramm erreichen. Der Pilz wächst als Parasit auf Laubbäumen. Er schwächt sie, sodass sie sich nicht mehr im Wind biegen können und schließlich umfallen. Der Spitzname »Waldhuhn« bezieht sich auf die Hühnerfleisch ähnliche Farbe, den Geruch und die Konsistenz des Pilzes. Für den leicht säuerlichen Geschmack des Schwefelporlings ist die Gerbsäure verantwortlich, die er aus seinem Wirtsbaum aufnimmt.

Geschmack: leicht säuerlich, Huhn.

Achtung! Essen Sie keine Schwefelpilze, die auf Eukalyptusbäumen, Zedern- oder Eiben wachsen. Sie können Giftstoffe enthalten, die der Pilz aus dem Holz des Baums aufnimmt. Wer zu Allergien neigt, sollte zunächst nur eine kleine Menge frischer, junger Schwefelporlinge probieren.

Sammeln Sie nur junge Schwefelporlinge und verzehren Sie diese nie roh! Vor der weiteren Zubereitung sollten Sie die Pilze 10 Minuten in Salzwasser kochen, um die Brechreiz auslösende Oxalsäure zu entfernen.

SCHWEFELPORLINGS-SPIESSE

Der feste Schwefelporling mit seinem hühnchenartigen Aroma ist die Hauptzutat für diese würzigen Spieße. Seine säuerliche Note wird durch die orientalische Marinade neutralisiert. Ich empfehle, Sojasauce und Sambal in einem asiatischen Lebensmittelgeschäft zu kaufen und sich über die verschiedenen Geschmacksrichtungen beraten zu lassen. Dort bekommt man auch frittierte Maniok-Cracker in verschiedenen Formen und Größen.

Zutaten:
400 g junger Schwefelporling
2 Knoblauchzehen
1-cm-Stück Ingwer
6 EL Ketjap Manis
2 TL Sambal (oder nach Geschmack)
175 g Erdnussbutter mit Stückchen
150 ml Wasser
3 EL Kokosmilch

Küchenutensilien:
8 Spieße
Grill (auch im Freien)

Zubereitung:
Den Schwefelporling putzen und 10 Minuten in Salzwasser kochen. Anschließend in Streifen schneiden. Den Knoblauch zerdrücken und den Ingwer reiben.
Die Hälfte von Ketjap Manis, Sambal, Ingwer und Knoblauch in einer Schüssel verrühren und die Pilzstreifen darin zugedeckt 1 Stunde marinieren. Holzspieße 30 Minuten in Wasser einweichen.
Erdnussbutter, Wasser und Kokosmilch mit den restlichen Gewürzzutaten in einen Topf geben und unter Rühren köcheln lassen, bis die Sauce eindickt.
Die Pilzstreifen aus der Marinade nehmen, trocken tupfen, auf Spieße stecken und auf dem Grill 15 Minuten rösten.

Tipp: Servieren Sie die Spieße mit Reis und Maniok-Crackern.

DANK

Ich danke der Forstverwaltung für die schöne Natur, die sie pflegt und verwaltet und in der ich – mit großem Respekt vor Pflanzen und Tieren – gelegentlich etwas von den Pflanzen ernte, die in den Wäldern in Hülle und Fülle wachsen.
Vielen Dank an die Stylistin und Fotografin Anya van de Wetering für die Gastfreundschaft, die Inspiration, das Styling und die wunderschönen Fotos, die sie von den Wildpflanzen und Gerichten gemacht hat.
Vielen Dank an die Fotografin Bella Thewes für die schönen (stimmungsvollen) Fotos.
Vielen Dank an die Korrekturleserin Yulia Knol für ihren genauen Blick.
Vielen Dank an die Designerin Crisja Ran für das schöne Layout.
Vielen Dank an Marjolijn Braamburg für ihr Vertrauen und ihren Enthusiasmus, mit dem sie dieses besondere Projekt mit mir in Angriff genommen hat!
Vielen Dank an das Umweltbildungszentrum De Groene Inval in Baarn, wo ich nach dem Frost Mispeln sammeln konnte.
Vielen Dank an Carolina Verhoeven für die kulinarischen Inspirationen.
Vielen Dank an unsere Freundin Christien van der Kleij für die köstlichen Quitten aus ihrem Garten.
Vielen Dank an Debbie und Piet für das Ausprobieren des Pizzaofens.
Vielen Dank an Sohn und Tochter Tim und Sarah Langdon für vegetarische Tipps und das Probieren meiner Gerichte.
Vielen Dank an meine Mitstreiter in der Wild Pickers Guild Niederlande.
Vielen Dank an Ger Snijders für die Unterstützung im Allgemeinen und für die Korrektur der Texte im Besonderen!

Impressum

1. Auflage

Die Originalausgabe erschien 2021 unter dem Titel »Wildoogst. Koken met wilde paddenstoelen, noten en vruchten« bei Uitgeverij TerraLannoo BV.
Übersetzt aus dem Niederländischen.
www.terralannoo.com

Warnhinweis:
Trotz der sorgfältigen Zusammenstellung dieses Buches kann es passieren, dass LeserInnen einen/eine von ihr/ihm gefundenen Pilz oder Pflanze und ihre Pflanzenteile nicht korrekt bestimmen. In keinem Fall haften Autorin, Übersetzerin, Redakteurin oder Verlag für einen durch eine falsche Bestimmung hervorgerufenen Schaden beziehungsweise eine Vergiftung.

Projektleitung: Vanessa Silbermann
Redaktion: trans texas publishing services GmbH, Köln
Übersetzung: Wiebke Krabbe, Damlos
Satz: Satzwerk Huber, Germering
Coverdesign für die deutschsprachige Ausgabe: OH, JA!, München
Für die niederländische Originalausgabe:
Text: Elsje Bruijnesteijn, www.wildoogst.nl
Konzept, Art Direction: Anya van de Wetering, www.kamer465.nl
Styling: Marie-Claire Lambalk, www.kamer465.nl
Fotografie: Bella Thewes, www.bellathewes.com und Anya van de Wetering
Layout, Cover und Innenteil: Crisja Studio, www.crisja.nl
Bildnachweis:
Anya van de Wetering: Cover vorn, Innentitel, 4, 7, 8, 10, 12, 15, 19, 20, 24, 30, 34, 35, 45, 46, 48, 54, 56, 59, 69,70, 75, 81, 84, 87, 88, 91, 93, 94, 96, 101, 102, 104, 109, 110, 112, 114, 116, 118, 120, 122, 124, 127, 132, 135, 136, 138, 140, 142, 145, 146, 148, 160, 163, 144, 164, 170, 172, 175, 176, 178, 179, 182, 185, 186, 188, 190, 192, 196, 198, 200, 202, 205, 206, 209, 210, 212
Bella Thewes: Cover hinten, 16, 36, 38, 40, 42, 50, 52, 60, 63, 64, 66, 68, 72, 76, 79, 80, 82, 98, 106, 128, 130, 150, 152, 154, 156, 158, 168, 194, 214, 216, 218, 220, 223
Shutterstock: Katerina Yankovska 29, Imagebroker 33
Vielen Dank an Billy An Kramers (Model): 19
Requisiten:
Baars&Bloemhoff, baars-bloemhoff.nl: für die Hintergründe
Dille & Kamille, dille-kamille.nl: 126, 174, 185, 205;
Duikelman, duikelman.nl: 62, 66, 101, 112, 126, 145, 170, 198, 216;
Noorderspullen, noorderspullen.nl: 63, 75, 59, 69, 73, 81, 104, 111, 116, 134, 145, 146, 152, 154, 178, 179, 192, 200, Utensilien Nachsatzpapier Vorderseite;
Riviera Maison, rivieramaison.com: 120;
Rootfolk, rootfol.com: handgefertigte Keramik 45, 124, 162, 213;
Stadspaviljoen Noord, paviljoennoord.com: 87, 92, 98, 104, 130, 200;
Simonstafel, simonstafel.nl: 59, 72, 82, 112, 130, 138, 158, 220, Nachsatzpapier Rückseite
Thomas Schreuder, Geweih: 205

MIX
Papier | Fördert gute Waldnutzung
FSC® C106600
www.fsc.org

Penguin Random House Verlagsgruppe
FSC® N001967
ISBN 978-3-517-10263-4